UNIVERSITÉ DE FRANCE.

ACADÉMIE DE STRASBOURG.

DISSERTATION

SUR

L'INALIÉNABILITÉ DE LA DOT.

ACTE PUBLIC

POUR LE DOCTORAT

PRÉSENTÉ

A LA FACULTÉ DE DROIT DE STRASBOURG,

ET SOUTENU PUBLIQUEMENT

LE SAMEDI 14 JANVIER 1860, A MIDI.

PAR

VICTOR MOTTET,

Avocat à la Cour Impériale de Nancy.

NANCY,

VAGNER, IMPRIMEUR-LIBRAIRE, RUE DU MANÉGE, 5.

1860.

ACADÉMIE DE STRASBOURG.

DISSERTATION

SUR

L'INALIÉNABILITÉ DE LA DOT.

ACTE PUBLIC

POUR LE DOCTORAT

PRÉSENTÉ

A LA FACULTÉ DE DROIT DE STRASBOURG,

ET SOUTENU PUBLIQUEMENT

LE SAMEDI 14 JANVIER 1860, A MIDI,

PAR

VICTOR MOTTET,

Avocat à la Cour Impériale de Nancy.

NANCY,

VAGNER, IMPRIMEUR-LIBRAIRE, RUE DU MANÉGE, 5.

1860.

FACULTÉ DE DROIT DE STRASBOURG.

MM. AUBRY ✳.......... doyen et prof. de Droit civil français.
HEPP ✳.......... professeur de Droit des gens.
HEIMBURGER........ professeur de Droit romain.
THIERIET ✳........ professeur de Droit commercial.
SCHÜTZENBERGER ✳.. professeur de Droit administratif.
RAU ✳.......... professeur de Droit civil français.
ESCHBACH .... professeur de Droit civil français.
LAMACHE ✳........ professeur de Droit romain.
DESTRAIS.......... professeur de procédure civile et de
            législation criminelle.

BLŒCHEL ✳........ professeur honoraire.

LEDERLIN .... professeur suppléant provisoire.

BÉCOURT, officier de l'Université, secrétaire, agent compt.

MM. LAMACHE, président.
DESTRAIS,
AUBRY,
HEPP,
LEDERLIN,
        examinateurs.

La Faculté n'entend approuver ni désapprouver les opinions particulières au candidat.

Ⓒ

DROIT ROMAIN.

Du fonds dotal.

La dot[1] est une institution qui ne remonte pas aux premières origines du Droit romain. Elle ne prit naissance qu'assez tard et n'acquit son entier développement que par des gradations nombreuses et successives. Dans Rome naissante, comme chez tous les peuples à l'état barbare, la femme ne jouissait d'aucune indépendance. Soumise à une tutelle perpétuelle, elle ne pouvait échapper au pouvoir despotique de son père que pour tomber sous la puissance non moins absolue de son mari. Tels devaient être le sort de la femme et la théorie du mariage sous une législation qui donnait pour base au droit public et privé, l'unité du pouvoir du père, la dépendance et l'infériorité des personnes dont se composait la famille.

La femme légitime loin d'échapper à cette sujétion, en était au contraire un exemple remarquable. Par la *manus*, elle entrait dans la maison de son mari, non comme son égale, mais en qualité de fille (*loco filiæ*). Elle y jouissait des mêmes droits et y était soumise aux mêmes obligations que les propres enfants du *pater familias* ; elle passait dans le do-

---

[1] *Dos autem est res quæ a muliere, vel ab alio mulieris nomine, datur marito ad sustinenda onera matrimonii.* Voët.

maine de son époux et elle y apportait sa personne et ses biens.

Toutefois, il faut observer que cette puissance souveraine du mari romain n'était pas de l'essence du mariage. La *manus* était une institution qui accompagnait le plus souvent les *justæ nuptiæ* sans cependant y être attachée nécessairement. Elle devait pour coexister avec le mariage être acquise : *usu, coemptione aut confarreatione*. L'*usus* n'était que l'usucapion ordinaire, la possession de la femme par l'homme prolongée sans interruption pendant une année. Ainsi le décidait la loi des Douze Tables. Pour interrompre cette *usucapion*, la femme n'avait qu'à faire acte d'indépendance en s'absentant du domicile conjugal pendant trois nuits consécutives. Ce droit matériel et brutal ne subsista pas longtemps. Gaïus nous apprend qu'il ne tarda pas à tomber en désuétude [1].

La *manus* ne succomba pas cependant avec l'usucapion de la femme. Elle put toujours se fonder au moyen des formalités de la *coemptio* et de la *confarreatio*. Mais dès lors on put prévoir la chute d'une institution qui, en maintenant la femme dans un état de dépendance absolue, portait atteinte à la nature humaine et au rang que la mère doit occuper dans la famille.

A côté de la *mater familias*, de la femme mariée soumise à la *manus*, le Droit avait reconnu de tout temps la *matrona*, l'épouse qui, repoussant la *conventio in manum*, avait préféré conserver sa famille, ses dieux et ses biens, et qui ne relevait que de son père ou de ses agnats. La femme, ainsi placée vis-à-vis de son mari, jouissait d'une égalité conforme à la dignité de l'épouse, mais alors elle sacrifiait sa qualité de mère ; elle n'était plus *mater familias*. Elle était une étrangère pour ses propres enfants.

[1] Gaïus, c. I, p. 111.

Plus rare d'abord que le premier régime, le second système dut nécessairement prévaloir à mesure que la *manus* s'effaçait devant des mœurs nouvelles, et lorsque la *coemptio* et la *confarreatio* eurent à leur tour disparu, le mariage libre resta seul debout, et avec lui apparut l'institution qui fait l'objet de notre étude.

L'idée d'une dot incompatible avec un régime matrimonial qui livrait tous les biens de la femme à son mari [1], dut nécessairement se présenter à l'esprit lorsque les mariages libres devinrent fréquents. N'était-il pas naturel que la femme apportât sa part de contribution aux dépenses d'un ménage dont elle augmentait les charges? L'usage de la dot m'apparaît donc comme une combinaison sortie de la nature même des choses [2], et je ne pense pas qu'il soit juste d'en faire honneur à la Grèce. Il est vrai que le mot dot offre une certaine analogie avec le δίδωχι des Grecs [3], mais outre que cet argument tiré de l'éthymologie me touché peu, il faut reconnaître que la dot, telle que la connaissait la Grèce, quoiqu'analogue à la dot du Droit romain, présente avec celle-ci une différence radicale. A Athènes, le mari n'est pas propriétaire de la dot, il en jouit seulement pendant le mariage, il la restitue à la dissolution [4]. A Rome, au contraire, le mari avait la pleine et entière propriété de la dot. Elle se confondait avec ses biens et lui restait acquise, quelle que fût la cause par laquelle le mariage vînt à se dissoudre. *Dotis causa, perpetua est ; et cum voto ejus, qui dat, ita contrahitur ut semper apud maritum remaneat* [5].

---

[1] *Quum mulier viro in manum convenit, omnia quæ mulieris fuerunt, viri fiunt dotis nomine.* Cicéron, *Top.*, ch. 4.

[2] Troplong, *Cout. de mariage*, préface, p. 45.

[3] Festus IV in V°. Dos. *Dote manifestum est ex Græco esse, nam* δίδωχι *dicitur apud eos dare.*

[4] Saumaise, p. 509.

[5] L. 1. *D. de jure dotium.*

La dot fondée, ce fut le divorce qui fit faire les plus grands pas à sa législation. Tout le monde connaît l'austérité des mœurs de l'ancienne Rome, où la loi qui permettait le divorce ne fut pas, dit-on, une seule fois invoquée pendant cinq siècles. Le premier, Carvilius Ruga usa de ce droit et son exemple trouva aussitôt de nombreux imitateurs. Le relâchement des mœurs ne fut pas la seule cause de cet abus, la cupidité y joua un grand rôle. Comme, d'après la loi de Romulus, le mari en répudiant sa femme gardait ses biens, il est facile de comprendre combien les divorces durent se multiplier rapidement. On chercha un remède dans les *cautiones rei uxoriæ*, stipulations introduites dans les contrats de mariage pour assurer la restitution du bien de la femme en cas de divorce. Puis le préteur introduisit une action *rei uxòriæ*, pour suppléer à cette convention lorsqu'elle avait été négligée. Bientôt cette action s'étendit du cas de divorce à tous les autres cas de dissolution do mariage.

Tel était le système des garanties offertes à la femme à l'avénement d'Auguste. Obligation pour le mari de restituer le dot dans un grand nombre de cas, responsabilité qui lui incombe pour les fautes qui rendent cette restitution impossible. Restait encore un grand danger pour la femme dans l'insolvabilité de son mari. Maître d'aliéner et d'hypothéquer les choses dotales, celui-ci pouvait ne laisser à la dissolution du mariage qu'une créance illusoire. Auguste vit dans cet état de choses un dommage pour l'Etat. Frappé surtout de l'abaissement des mœurs et de l'épuisement de la population par les fureurs des guerres civiles, il ne crut pas pouvoir trouver un meilleur remède à ces maux que la multiplication des mariages. C'est en partant de cette idée qu'il posa le principe : *Interest reipublicæ mulieres dotes salvas habere propter quas nubere possint*, principe dont l'application fut faite dans les

fameuses lois Julia et Pappia Poppea rendues en 757 et 763
et un peu plus tard dans la loi Julia *de adulteriis*. C'est
dans cette dernière, la seule dont nous ayons à nous occuper
et qui se lie intimement aux précédentes, qu'il posa le principe de l'inaliénabilité, base et fondement du régime dotal. Dès
lors le pouvoir du mari sur les biens dotaux est limité. Il ne
peut plus aliéner les immeubles dotaux sans le consentement
de sa femme ; il ne peut plus les hypothéquer même avec ce
consentement. Le législateur se montra plus sévère pour
l'hypothèque que pour l'aliénation, nous dit Cujas : *Quia faci-
lius mulier consentit obligationi fundi dotalis quam
alienationi* (Récit. solenn. sur le § ult. de la loi un. C. *de
rei uxor. actione.*). Cette raison du grand commentateur n'est
peut-être pas tout à fait satisfaisante. Je serais plus porté à
croire que cette rigueur de la loi à l'égard des hypothèques
consenties par la femme a sa source véritable dans la défa-
veur avec laquelle les jurisconsultes romains voyaient toute
intercessio de la femme. Déjà Auguste, avant la loi Julia,
avait interdit aux femmes de cautionner leurs maris, (Ulp., l.
1 et 2. D. *ad Senat. Velleianum*) et peu après le sénatus-
consulte Velléien rendit les femmes, mariées ou non, incapables de cautionnement envers les étrangers eux-mêmes.

C'est sous Justinien que le droit de la femme se complète.
Ce prince qui mérita le titre d'*uxorius*, étendit, peut-être
outre mesure, les priviléges de la femme. Les avantages qu'il
lui fait, sont si considérables que Cujas ne peut s'empêcher de
faire la réflexion suivante : *In multis articulis juris deteriorem esse conditionem fœminarum quam masculorum :
sed in causa dotium, certe est melior conditio fœminarum quam masculorum.* (Récit solen. *de rei uxor. act.*).

L'inaliénabilité de la dot consacrée d'une manière absolue,
le principe de la loi Julia fut étendu à tout l'empire au lieu

de rester exclusif à l'Italie. La dot devint restituable dans tous les cas, même par le prédécès de la femme ; le mari ne fut plus que civilement propriétaire des biens dotaux pendant le mariage ; la femme en posséda dès lors le domaine naturel sans réserve.

Justinien imagina encore d'autres réformes en faveur de la femme mariée ; mais avant d'aborder ces inovations, nous avons à rechercher le sens et la portée des dispositions de la loi Julia. Cette étude nous sera d'autant plus utile que cette loi recevait encore son application du temps de Justinien.

Les dispositions littérales de la loi Julia ne nous ont pas été conservées ; mais la prohibition qu'elle contenait est consignée dans plusieurs textes importants, notamment aux paragraphes 62 et 63 du commentaire II des *Institutes* de Gaïus, au titre XXI D. *de dotibus*, et aux § 1 et 2 du livre II des Sentences de Paul. Justinien reproduit presque dans les mêmes termes la phrase de Gaïus, en étendant la prohibition, comme nous l'avons vu, aux immeubles provinciaux.

Dans l'étude que nous nous proposons de faire, trois choses sont à rechercher : 1° quels sont les biens dont la loi Julia prohibe l'aliénation ; 2° quelles sont les aliénations prohibées ; 3° quels sont les cas où le principe d'inaliénabilité cesse de recevoir son application.

La première condition requise pour qu'un bien soit susceptible de tomber sous la prohibition de la loi Julia, c'est qu'il ait été constitué en dot. Cette constitution pouvait être faite au mari soit par la femme, soit par toute autre personne ; car, dans ce dernier cas, c'est en considération de la femme que le fonds a été livré au mari [1].

Elle pouvait avoir lieu avant ou après le mariage. *Dos*

___

[1] L. 14, § 1.

aut antecedit aut sequitur matrimonium; et ideo vel ante nuptias, vel post nuptias dari potest[1]. Elle se faisait par diction, par dation ou par promesse[2]. Seules, la femme et certaines personnes déterminées avaient le droit d'employer le premier mode[3] ; les deux derniers, n'étant qu'une application du droit commun, étaient ouverts à toutes personnes[4].

A ces modes généraux de constitution, il faut ajouter les libéralités indirectes de la femme faisant attribution de propriété d'un fonds en faveur de son mari. C'est ce que Paul nous apprend dans la loi 14, p. 3, de notre titre : « La femme venant à répudier un legs ou une hérédité pour abandonner, à titre de dot, le fonds qu'elle aurait pu ainsi recueillir au mari qu'il faut supposer directement institué dans le premier cas, et substitué dans l'autre, ce fonds deviendra dotal. » — Un cas analogue est aussi prévu par Ulpien, l. 5, § 5, D. *de jure dotium*. Ici ce n'est plus la femme qui répudie un legs ou une hérédité pour constituer une dot au mari, c'est le père. Dans cette hypothèse, le jurisconsulte décide avec Julien qu'il y a dot. Le gendre n'a, en effet, le fonds que par suite de la volonté expresse du père de constituer une dot à sa fille. Mais la dot ne sera point profectice, parce qu'elle n'a point été prise dans le patrimoine du père. *Quia nihil erogavit de suo pater, sed non adquisivit.* Cette décision présente une grande analogie avec les principes qui faisaient déclarer que l'action paulienne ne peut être intentée contre l'acte par lequel le débiteur répudie l'hérédité et le legs qui lui est dévolu[5].

---

[1] Paul, Sent. 2, § 1.
[2] Ulp., pag., t. 6, 81.
[3] Pellat, *Textes sur la dot*, p. 1 et s.
[4] L. 14, § 1, D. de f. D.
[5] *D. quæ in fraudem creditorum. Pertinet edictum ad diminuentes patrimonium suum, non ad eos qui id agunt ne lucupletentur.*

D'ailleurs, il importe peu que le fonds ait été livré au mari ou à un tiers par lui désigné. Le fonds, dans un cas comme dans l'autre, reste dotal ; la propriété s'acquérant par l'*animus possidendi* joint au fait de la détention matérielle par une tierce personne en votre nom[1].

La nature du fonds constitué en dot ne devait en aucun cas influer sur l'application de la loi Julia. La prohibition d'aliéner s'étend tant aux fonds urbains qu'aux fonds rustiques et à toutes espèces d'édifices[2]. Cette décision, que l'on doit à Ulpien, n'a rien que de naturel si l'on considère la règle générale posée par les prudents, à savoir que les constructions ne sauraient être séparées du sol sur lequel elles reposent et doivent en suivre les lois. *Superficies solo cedit.*

Le principe d'inaliénabilité s'appliquait à chaque partie comme à la totalité du fonds dotal. *Prædii appellatione etiam pars continetur.* Telle était la jurisprudence, nous dit le juriconsulte Paul[3].

La loi Julia ne concernait que les fonds situés en Italie ; une restriction semblable ne se comprend guère, surtout si l'on se rappelle qu'une constitution de Caracalla avait accordé le droit de cité à tous les sujets de l'empire. Aussi on discutait du temps de Gaïus le point de savoir si la prohibition ne devait pas s'étendre au sol provincial[4]. Les fonds estimés ne comportaient pas non plus l'application de cette loi. L'estimation valait vente et rendait dotale la valeur de la chose estimée et non la chose elle-même. Le mari était donc tenu, à la dissolution du mariage, à rendre non l'immeuble en nature, mais sa valeur estimative[5]. Mais les fonds estimés étaient soumis à

---

[1] L. 14, pr.
[2] L. 13, Ulp.
[3] D. l. 13, § 1 L.
[4] G. C. II, § 63. C. de rei ux. act. l., B, t. 13, un § B.
[5] D. l. 11.

la loi Julia dans le cas où l'estimation ne valait pas vente, c'est-à-dire, quand on en était convenu [1].

Quant aux fonds qui viennent se réunir accessoirement aux choses dotales, il faut leur faire application de la règle générale : *accessorium sequitur principale*, et décider qu'ils suivent la même condition que le fonds directement constitué en dot. Ainsi le fonds légué à l'esclave dotal ou par lui recueilli dans une succession à laquelle il est appelé devient également dotal et tombe sous l'application de notre loi. Il en est de même à l'égard des portions de terrain qui s'adjoindraient au fonds dotal par alluvion ou par tout autre mode d'accession et généralement de tous les fonds que le mari gagnerait à l'occasion de la dot.

La loi 78, §, 34 D. *de jure dotium* prévoit le cas où le mari se rendrait adjudicataire de la totalité du fonds dont la femme s'est constitué une portion indivise. Si rien n'était changé jusqu'à la dissolution du mariage, Tryphonius décide que le mari devra restituer, outre la portion qu'il a reçue de sa femme, celle dont il s'est rendu adjudicataire, en se faisant rembourser la somme qu'il a payée au copropriétaire. C'est là une suite du principe que la restitution doit porter non seulement sur les choses dotales, mais encore sur tout ce qui est parvenu au mari à l'occasion de la dot. Si, au contraire, le mari avait, par un acte de vente, remis les choses au premier état, cette aliénation serait-elle valable ? Le juriconsulte résout cette question en décidant qu'il n'y a de dotal pendant le mariage que la partie du fonds donnée en dot ; que par suite le mari a pu, sans le consentement de la femme, aliéner la partie du fonds qui lui était échue par l'adjudication.

Pour fixer l'époque à partir de laquelle le caractère de do-

---

[1] C. l. 1, f. d.

talité est imprimé à l'immeuble, il faut considérer le moment où le *dominium* passe de la tête du constituant sur celle du mari. *Dotale prædium sic accipimus cum dominium marito quæsitum est, ut tunc demum alienatio prohibeatur* [1]. Si donc le mari devait à la femme le fonds d'autrui et que celle-ci lui constituait en dot l'objet de sa dette, le fonds ne deviendrait dotal qu'au moment où il serait entré dans le patrimoine du mari [2]. Il en serait évidemment de même toutes les fois que pour un motif ou pour un autre la femme n'aurait pu transférer au mari le domaine des biens qu'elle se serait constitués. Cependant il peut arriver que le fonds soit dotal, quoiqu'il n'ait jamais appartenu au mari ; c'est ce qui a lieu lorsque, sur l'ordre de celui-ci, la femme a livré l'immeuble à un tiers. Le caractère de la dotalité de ce fonds imposera à ce tiers les mêmes obligations qu'au mari. Il ne pourra aliéner [3].

Quelquefois la dotalité elle-même du fonds peut être incertaine pendant toute la durée de l'union conjugale. Il en résulte alors que la validité de l'aliénation consentie par le mari, est aussi incertaine pendant le même laps de temps, et reste subordonnée à la condition que le mari, à la dissolution du mariage, soit resté propriétaire irrévocable du bien aliéné. C'est ce qui arrive dans les espèces suivantes posées par Africain dans les lois 2 et 9 de notre titre. Si le fonds constitué en dot a été estimé avec réserve d'option pour la femme, l'aliénation par le mari pourrait être attaquée parce que l'estimation n'a pas ôté le droit à la femme de réclamer l'immeuble lui-même au lieu du prix représentatif de sa valeur ; il en serait autrement dans le cas où le choix appartiendrait au mari. (L. 1. 1, C. f. d.)

[1] Ulp. l. 13, § 2, D. f. d.
[2] L. 11, § 2, D. f. d.
[3] L. 16, pr. D. h.

La femme, nous l'avons vu, peut se constituer en dot l'objet de la dette du mari. Si c'est un immeuble, il devient dotal. Mais l'obligation du mari peut être alternative et porter soit sur un fonds ou d'autres objets de différentes natures, soit sur plusieurs immeubles dont un seul devra être restitué, au choix du débiteur. Il faut distinguer deux cas. Le mari devait-il un fonds ou 10 talents, l'aliénation qu'il ferait du fonds serait valable, puisqu'il est libre d'acquitter sa dette en payant la somme convenue. Au contraire, devait-il un immeuble ou l'esclave Stichus, l'immeuble deviendra dotal par la mort de Stichus, et l'aliénation qui en serait faite serait nulle, pourvu toutefois que l'esclave fût mort durant le mariage. Le motif de cette décision, nous dit Pothier, est que l'immeuble seul est resté compris dans l'obligation.

Par une autre conséquence du principe que le paiement détermine l'objet de l'obligation alternative, il dépendra du mari de soumettre à la dotalité le fonds Cornélien ou le fonds Sempronien, dans le cas où il doit l'un ou l'autre de ces fonds. Il pourra donc aliéner l'un et conserver l'autre. Si cependant il rachetait le premier, il redeviendrait libre de retenir ou d'aliéner celui des deux qui lui conviendrait. Paul semble proposer une décision plus hardie dans la loi 10. Raisonnant dans la même hypothèse, il remarque l'effet ambulatoire que la loi Julia emprunte au caractère de l'obligation du mari, et se demande si le mari aurait la faculté d'aliéner le fonds qu'il aurait d'abord retenu, sans avoir racheté l'autre, par cela seul qu'il dépend de lui de le racheter, ou bien si on doit lui refuser ce pouvoir, attendu qu'aucun des deux fonds ne ferait plus partie de la dot. Tout au moins, selon notre jurisconsulte, faut-il admettre après l'événement, *ex post facto*, la validité de la seconde aliénation quand le premier fonds a été ensuite racheté.

Par une interprétation large de la loi Julia, la règle prohibitive d'aliénation s'appliquait au fonds livré en toute propriété au fiancé. Ce fonds n'était pas dotal, puisqu'il ne peut y avoir dot sans mariage, mais il était assimilé à l'immeuble dotal[1]. La tradition faite au fiancé avait pu ne pas lui transférer la propriété du fonds. Dans ce cas, le fonds, n'étant pas dotal, ne pouvait être usucapé à titre de dot; l'usucapion avait lieu sans titre spécial. *Ante nuptias non pro dote usucapit, sed pro suo*[2].

Le principe d'inaliénabilité survivait à la dissolution du mariage tant que le mari n'avait pas retransféré la propriété de la dot à la femme. *Etiam diremto matrimonio dotale prædium esse intelligitur*[3]. Si le mariage a pris fin par la mort de la femme, ses héritiers jouissent du même privilège[4]. *Hæredi quoque mulieris idem auxilium præstabitur quod mulieri præstabatur*. Mais il fallait que la femme leur eût transmis le bénéfice de l'action *rei uxoriæ*.

Enfin, le même principe survivait même à la *capitis maxima diminutio* du mari. Celui-ci réduit en esclavage, son maître, acquéreur de tous ses biens, ne pouvait aliéner le fonds primitivement dotal[5].

Il s'agit maintenant de présenter certaines applications de la règle de l'inaliénabilité du fonds dotal, qui avaient attiré plus spécialement l'attention des jurisconsultes romains.

Le mot aliénation doit être pris dans le sens le plus large,

---

[1] L. 4, Gaïus, l. 11, ad. Ed. prov. L. 5, D. *Solut. matrim.*, où il est dit : *Dotale prædium non potest dici ante matrimonium contractum, licet quasi dotale dicatur, quoad hoc ut alienari non possit, nam dos sine matrimonio esse non potest.*
[2] D., l. 1, § 2, *pro dote*.
[3] D. l., 12.
[4] C. l. un. *de privileg. dotis*.
[5] L. 2, D. h.

lorsqu'il s'agit des prohibitions de la loi Julia. *Est autem alienatio omnis actus per quem dominium transfertur*[1].

Il n'y a donc lieu à aucune distinction entre les divers modes d'aliénation, soit qu'il s'agisse d'un acte emportant aliénation directe ou établissant un droit de gage ou d'hypothèque sur le fonds dotal [2], soit que le mari ait voulu transmettre la plénitude du *dominium* ou qu'il ait consenti à aliéner quelqu'un des éléments qui le composent [3]. Ainsi, d'après les lois 5 et 6 de notre titre, aucune nouvelle servitude ne pouvait être établie sur le fonds dotal, et aucune de celles qui étaient établies au profit de cet immeuble ne pouvait être perdue. Si l'on se rappelle les différents modes d'extinction des servitudes rurales et urbaines, on pourra être étonné que la loi Julia ne fasse entre elles aucune distinction. On sait en effet que pour les *prædia rustica*, les servitudes se perdaient par le non-usage, tandis que la libération des fonds urbains ne pouvait résulter que d'ouvrages établis par le propriétaire du fonds servant à l'encontre de la servitude, et tolérés pendant deux ans par le propriétaire du fonds dominant. Malgré cette double circonstance d'un fait positif contraire de la part du possesseur du fonds servant, et de la tolérance du mari pendant le délai ordinaire fixé pour ces sortes de libérations, le jurisconsulte Ulpien décide que le fonds urbain ne pourra perdre ses servitudes par ce motif que sa valeur en serait diminuée. *Ne per hoc deterior conditio prædii fiat.* On doit

[1] C. de f. d.
[2] L. 4, D. f. d.
[3] L. 7, c. de reb. al.
Sancimus, sive lex alienationem inbuerit, sive testator..... non solum domini alienationem vel manciplorum manumissionem esse prohibendam, sed etiam usufructus dationem, vel hypothecam, vel pignoris nexum penitus prohiberi. Similique modo et servitutes minime imponi, nec emphyteuseos contractum, nisi in his tantummodo casibus in quibus constitutionum auctoritas vel testatoris... aliquid tale fieri permiserit.

conclure de ce principe que tout acte du mari qui tendrait à rendre plus mauvaise la condition du fonds dotal serait nul. Par suite, le mari ne pourra tirer du fonds aucun produit qui ne soit pas considéré comme fruit, ni couper les arbres de haute-futaie, ni ouvrir des carrières, ni s'approprier un trésor en entier. Toutefois, cette règle reçoit un tempérament, en ce sens que le mari pourra disposer de ces produits dans les limites d'une sage administration [1].

Nous avons vu que l'aliénation, pour tomber sous la sanction de la loi Julia, doit porter sur un fonds qui puisse être considéré comme dotal au moment où s'opère l'acte translatif de propriété ; qu'en second lieu, cette aliénation doit être faite sans le consentement de la femme. Le concours du père de la femme, lors même que celle-ci serait demeurée sous sa puissance, ne suffisait pas à lui seul pour valider la transmission de la propriété du fonds dotal [2]. Le consentement de la femme pour tout ce qui concernait les aliénations de sa dot était si rigoureusement exigé que le père qui avait retenu sa fille mariée sous son autorité, ne pouvait intenter l'action *rei uxoriæ*, en cas de divorce ou de prédécès du mari que *adjuncta filiæ personna* [3].

Mais à la différence de notre droit, où les actes faits au mépris du principe d'inaliénabilité sont immédiatement attaquables par le mari, dans la législation que nous étudions, aucune action en nullité n'était ouverte contre eux. Leur sort restait indécis jusqu'à la dissolution du mariage et n'était réglé qu'à cette époque selon le droit des personnes qui profitaient de la dot ou qui avaient qualité pour intenter l'action dotale. Il fallait que l'action *rei uxoriæ* échût à la femme,

---

[1] L. 7, §13, D. § *de solut. matrim.*

[2] L. 12, § 1, f. d. Pap.

[3] Ulp. reg. VI, 7. — D. l. 28; l. 23; Batam rem.

qu'elle l'exerçât elle-même ou de concert avec son père, si elle était soumise à son autorité. Cette règle est formulée en ces termes par le jurisconsulte Paul, dans la loi 3, § 1 : *Toties autem non potest alienari fundus, quoties mulieri actio de dote competit, aut omnino competitura est.*

Pour appliquer cette règle, il faut distinguer le cas où le mariage a été dissout par divorce ou prédécès du mari, et celui de sa dissolution par la mort de la femme elle-même. Dans la première hypothèse, la femme intentera l'action *rei uxoriæ* en attaquant les aliénations faites au mépris des prohibitions d'Auguste ; si elle meurt, son action passe à ses héritiers, mais à la condition que le mari ait été mis en demeure [1]. D'ailleurs cette mise en demeure du mari ne réclamait pas la *litis contestatio*, mais elle ne résultait pas non plus d'une simple manifestation de la volonté de la femme, exprimant son intention de redemander sa dot [2]. Il fallait une interpellation solennelle faite devant le magistrat [3]. Alors l'action placée entre les mains des héritiers réfléchissait contre les aliénations indûment faites du fonds dotal. *Hæredi quoque mulieris idem auxilium præstabitur quod mulieri præstabatur* [4]. Mais si la femme avait négligé d'exercer ces poursuites qui devaient constituer son mari ou les héritiers de son mari en demeure, l'action mourait avec elle [5].

Il peut arriver que la femme perde le droit de revenir contre l'aliénation du fonds dotal. C'est ce que nous apprennent les deux jurisconsultes Paul et Ulpien. Voici l'espèce posée par le premier de ces auteurs [6] : Un mari a fait à sa femme un

[1] Ulp., reg., V., 7. — Vat., frag., 07.
[2] Vat., frag., 95.
[3] Vat., frag., 112.
[4] L. 13, §, 3. Ulp. ,D. f. d.
[5] Ulp., frag. 6., § 7. — V. les développements de M. l'ellat sur cette matière.
[6] L. 77, § 8, D. *de legatis 2*.

legs pour tenir lieu du fonds dotal qu'il a aliéné. En vendant
il a grevé l'acheteur, par fidéicommis , de l'obligation de restituer le prix de ce fonds à sa femme. Dans ces circonstances,
si la femme accepte le legs, elle consacre la vente, et ne peut
plus revendiquer l'immeuble aliéné, l'acquéreur repoussant
victorieusement sa demande en lui offrant le prix et en opposant l'exception de dol. Dans l'hypothèse inverse, Ulpien décide [1] que si la femme instituée héritière trouvait dans l'héri-
dité acceptée par elle une quantité égale à sa dot, elle devrait
acquitter le legs qui aurait été fait de son fonds dotal. Il
ajoute, en s'appuyant sur l'autorité de Scévola, que si la con-
sistance de l'hérédité est inférieure, le legs tiendra encore du
moins en partie, et que la femme ne pourra revendiquer
qu'une portion de l'immeuble correspondante à ce qui man-
quera dans la succession pour parfaire le prix total du fonds
dotal. La raison de cette double décision est la même. Dans
l'un et dans l'autre cas, la femme en acceptant , soit le legs ,
soit la succession de son mari', le fait sous la condition tacite de respecter les actes par lesquels il a disposé de son
fonds dotal. Cette acceptation équivaut à une véritable ratification de sa part.

Nous avons réservé le cas où le mariage se dissolvait par la
mort de la femme. Alors l'acquéreur du fonds dotal n'aura à
redouter aucune chance d'éviction toutes les fois que le mari
gagnera la dot. *Si in matrimonio mulier decesserit, et dos
lucro mariti cessit, fundus emptori evelli non potest,* nous
dit Marcien [2] et Papinien exprime la même idée à la loi 42,
de usurpat., où il déclare qu'il convient de confirmer la vente
du fonds dotal, quoique nulle *ab initio,* si la dot tout entière

[1] L. 13, § 4.
[2] L. 17, D. f. d.

profite au mari. Il assimille ce cas à celui du voleur qui, après avoir vendu la chose dérobée, viendrait à succéder au propriétaire de cet objet. Et en effet, il y a alors un fait ultérieur qui vient combattre le vice originel de l'aliénation. Comme vendeur le mari est tenu à la garantie de la chose vendue, c'est-à-dire à maintenir l'acquéreur en possession du fonds, il ne peut donc être recevable à revendiquer le même fonds contre lui. Ce n'est que l'application de la règle générale : *Quem de evictione tenet actio, eumdem agentem repellit exceptio.* Mais il peut arriver que le mari ait à rendre la dot non à sa femme, mais à un constituant étranger ; quel sera alors le sort de l'immeuble dotal aliéné ? A ne consulter que la loi 3, § 1 de notre titre qui formule la règle générale que nous avons citée plus haut, et aussi à ne considérer que le but et les motifs de la loi Julia, il ne peut paraître douteux que l'aliénation ne soit nulle que lorsque l'action *rei uxoriæ* appartient à la femme. En effet, la loi 3, § 1, disposant d'une manière générale et absolue, décide *à contrario* que dans tous les cas où l'action dotale ne compète pas à la femme, on n'a pas à revenir contre les aliénations du fonds dotal, et, en second lieu, la prohibition de la loi Julia ayant été introduite exclusivement en faveur des femmes, *ut mulieres nubere possint,* pour leur donner un moyen de se remarier en leur assurant la conservation de leur dot, l'intérêt du constituant, fut-il le père de la femme, est resté en dehors des prévisions de cette loi. Cette solution, qui semble incontestable, paraît cependant en contradiction avec les textes des lois 17 de f. d. et 42 *de usurpationibus,* qui ne mettent, en apparence du moins, les acquéreurs à l'abri de l'action en revendication que dans le cas où la dot profite au mari. *Si tota dos lucro mariti cessit.* Il est à croire cependant qu'il n'existe aucune antinomie entre les dispositions de la loi 3, § 1 et celles des lois précitées, ces dernières ne statuant que *de eo quod plerumque fit*, sur le cas le plus fréquent dans lequel le mari gagnait la dot, mais ne prévoyant pas les diverses hypothèses plus rares dans lesquelles le mari serait tenu de restituer la dot à une autre personne que la femme. Je n'hésite donc pas à penser que le tiers détenteur du fonds dotal devra être à l'abri des poursuites des personnes autres que la femme à qui compéteraient l'action *rei uxoriæ* ou *ex stipulatu*, tout en admettant que le mari tenu de restituer la dot sera toujours passible sur ses biens des conséquences de ces actions.

Nous terminerons nos développements sur la loi Julia en exposant les cas où par dérogation à la loi Julia, l'aliénation du fonds dotal faite sans le consentement de la femme est légitime. C'est lorsqu'elle résulte d'une impérieuse nécessité ou de la puissance même de la loi.

La loi 1 de notre titre nous en offre un exemple. Il y est question d'un envoi en possession du fonds total, fait par le préteur, sur le refus du mari de fournir la *cautio damni infecti*. On sait qu'en Droit romain nul ne pouvait être tenu, à l'occasion du préjudice causé par la chose, au-delà de la valeur de cette même chose. Le propriétaire, dont le fonds menaçait ruine, était donc, dans le cas où il causait la perte partielle ou totale de l'héritage voisin, quitte de toutes poursuites en abandonnant les décombres. (*Si modo omnia quæ jaceant, pro derelicto habeat.*) Pour obvier à cet inconvénient, le préteur accordait au voisin inquiété le droit d'exiger du possesseur de l'édifice menaçant une caution qui devait servir d'indemnité pour le cas où le dommage prévu serait causé. Si dans le délai fixé la sûreté prescrite n'était pas fournie, le préteur envoyait le réclamant en possession de l'héritage qui le menaçait ; cette première mesure n'était qu'une voie de contrainte de fait, un droit de surveillance qui permettait de visiter les lieux pour s'assurer de leur état, d'y pratiquer les mesures de précaution et les actes conservatoires rendus nécessaires par les circonstances ; le propriétaire n'était pas expulsé et ne cessait pas d'être possesseur. Mais après un certain temps d'exercice de cette surveillance, le propriétaire persistait-il dans son refus de fournir la *cautio damni infecti*, le voisin menacé retournait de nouveau chez le préteur et en obtenait un ordre de posséder. Dès lors il acquérait une possession véritable et réelle, accompagnée de tous ses effets légaux : le propriétaire expulsé et n'ayant plus la possession voyait son droit de propriété passer, après le temps voulu, entre les mains du nouveau possesseur au moyen de l'usucapion ; c'est cette dernière mesure que le jurisconsulte Paul suppose avoir été prise contre le mari à l'occasion du fonds dotal ; et il déclare que, malgré la prohibition de la loi Julia, le voisin devient propriétaire de ce fonds — *Hic enim dominus vicinus fit ;* — et il ajoute pour motiver sa décision : *Quia hæc alienatio non est voluntaria.*

Cet exemple nous montre donc que cette loi ne proscrivait que les aliénations volontaires. Du reste, comme la propriété ne passait au voisin que par un effet de l'usucapion et non directement, le mari avait la faculté d'interrompre la possession du voisin et de sauver l'immeuble dotal, en fournissant la caution avant que les délais de l'usucapion fussent expirés. Le tiers possesseur était dès lors tenu de lui rendre la chose et il pouvait y être contraint au moyen de l'action *in rem*.

Un autre exemple d'aliénation du fonds dotal reconnu valable comme étant involontaire nous est rapporté à la loi 2 du titre *de fundo dotali* au Code. *Mariti qui fundum communem cum alio in dotem inæstimatum acceperunt ad communi dividundo judicium provocare non possunt, licet ipsi possint provocari.* Le mari qui a reçu en dot la part indivise de sa femme dans un fonds non estimé ne peut intenter sans elle l'action en partage. Le partage, en effet, étant chez les Romains attributif de propriété, devait être considéré comme une aliénation et par suite être proscrit par la loi Julia. Mais le mari peut valablement répondre à une demande en partage dirigée contre lui. L'aliénation dans ce cas n'était pas volontaire. Elle avait lieu par la puissance de la loi qui impose à tout copropriétaire de ne pas nuire à l'exercice du droit qu'ont ses copropriétaires de faire cesser l'indivision.

La loi 7 de notre titre nous fournit deux exemples dans lesquels l'aliénation est commandée par les principes mêmes du droit. Il s'agit de cas où des servitudes établies en faveur du fonds dotal viennent à s'éteindre par confusion. Toutefois, les intérêts de la femme sont sauvegardés au moyen du rétablissement des servitudes à l'époque de la restitution de la dot. C'est ce que nous explique Julien. Si le mari devient propriétaire du fonds de Titius, qui est grevé d'une servitude au profit de l'immeuble dotal, cette servitude s'éteindra par confusion; mais dans le cas où il rendrait le même fonds à Titius, sans avoir rétabli préalablement la servitude, il doit indemniser la femme de la dépréciation qu'a subie par sa faute l'héritage dotal. Si le mari se trouve insolvable à l'époque de la restitution de la dot, le préteur donnera à la femme une action utile pour contraindre Titius à rétablir la servitude. Si la femme se constitue en dot un fonds à l'égard duquel l'immeuble du mari est tenu de quelque servitude, elle s'éteint puisque la propriété des deux fonds vient à se réunir dans la même main. Dans ce cas, la perte qui résulte de la confusion pour l'immeuble dotal, ne provient pas du fait du mari. Néanmoins, il faut décider que le juge de l'action *rei uxoriæ*, a le pouvoir d'ordonner que cet immeuble ne sera rendu à la femme ou à sou héritier qu'après la reintégration de la servitude.

La transmission du fonds dotal se justifie encore par la nécessité, lorsqu'il parvient à quelque successeur universel du mari, selon l'ordre de dévolution réglé par les lois. Mais le droit le l'héritier ne peut être plus étendu que celui de son ayant-cause. La propriété lui est transférée, mais telle qu'elle existait entre les mains de son auteur, avec charge de no pas en disposer et de restituer le fonds dotal à la femme. C'est ce que nous dit Paul : *Cum suo tamen jure, ut alienari non possit.* (L. 1, § 1.)—Ce point de droit ne souffrait aucune difficulté quand la dot passait à l'héritier du mari : « *Veluti ad hæredem mariti ;* » mais Ulpien ne l'admettait qu'avec quelque doute dans les hypothèses suivantes : Il se demande si le mari ayant été réduit en servitude, son maître aura le droit d'aliéner le fonds dotal. Le jurisconsulte répond que non. *A fortiori* devrait-on donner la même solution pour le cas où il se fût agi d'un mari *minime capite deminutus,* par exemple donné en adrogation. Le fisc succédant au mari par suite d'une confiscation, acquérait le fonds dotal, mais quoiqu'il dût être toujours considéré comme un débiteur solvable, il ne pouvait aliéner valablement.

Le principe de l'inaliénabilité de la dot fléchissait encore dans le cas où la femme avait droit de réclamer son apport dotal, *constante matrimonio,* par exemple, lorsque l'insolvabilité du mari menaçait de compromettre la restitution à la fin de l'union conjugale. Le préteur accordait alors le secours d'un divorce fictif, et dès lors la femme appelée, comme au cas d'un véritable divorce, à exercer tous ses droits, pouvait disposer à son gré de l'immeuble qui, à proprement parler, n'était plus dotal. D. l. 24, *sol. matrim.*

La dernière exception au principe d'inaliénabilité se trouve mentionnée dans la loi 16 qui s'occupe de l'usucapion du fonds dotal et dont la disposition a été reproduite en entier par notre droit civil [1]. En principe, la totalité du fonds s'opposait à sa prescriptibilité aussi bien qu'à son aliénabilité en vertu de cette règle: *Qui usucapi patitur, alienare videtur* [2] et aussi par ce motif que la bonne foi ne peut servir au possesseur quand une loi prohibe ce genre d'acquisition. Cependant, par exception, la loi Julia n'interrompait pas le cours de l'usucapion commencée avant la constitution de la dot. Si donc un tiers de bonne foi avait commencé à posséder utilement un fonds que la femme s'est ensuite constitué en dot, et que le mari ait négligé de le revendiquer [3], le fonds sera usucapé par le laps de temps ordinaire. Sans doute, il y a ici aliénation de l'immeuble dotal, mais elle est réputée, par une fiction de la loi, remonter au jour où la possession a pris naissance, et par conséquent, précéder la constitution de dot. Cette constitution étant un fait tout-à-fait étranger à la volonté de celui qui est en voie d'usucaper, ne doit pas arrêter le cours de sa possession. Mais si l'usucapion s'est accomplie par la faute du mari qui a négligé d'interrompre la possession lorsqu'il en avait la faculté, un recours est réservé contre lui à la femme pour sauvegarder, autant que faire se peut, ses

---

[1] Art. 1561, § 1, C. N.

[2] D. l. 28, *Verb. signif.*

[3] Il faut supposer que la propriété a été transférée au mari indépendamment de la tradition, c'est-à-dire, par la mancipation ou l'*in jure cessio*. C'est donc à tort que Pothier, dans une de ses annotations sur la loi 16, suppose que le mari n'ayant pu acquérir la propriété de l'immeuble dotal en l'absence de toute tradition, a été investi par procuration du droit de le revendiquer entre les mains du tiers possesseur. La tradition, eût-elle pu d'ailleurs s'opérer, aurait été insuffisante, avant Justinien, pour transporter le *dominium* sur la tête du mari, s'il se fût agi d'un fonds italique. Les expressions mêmes de notre texte : *Mulier ut suum marito dedit in dotem*, prouvent une véritable translation de propriété qui, sans tradition, ne peut être faite que par la *mancipatio* et l'*in jure cessio*. Et alors la *procuratio in rem suam* était inutile, puisque le mari avait l'*actio in rem*.

intérêts lésés. Toutefois le mari n'encourrait aucune responsabilité s'il ne restait plus à l'époque de la constitution de dot qu'un petit nombre de jours pour compléter les délais de la possession acquisitive.

Toutes les règles que nous avons exposées jusqu'ici ne se réfèrent qu'au fonds dotal : *prœdium dotale*. Quant aux meubles dotaux, ils n'y ont jamais été soumis. Le mari avait sur eux le droit de propriété le plus complet et le plus absolu et en pouvait disposer sans le consentement de sa femme[1]. Il est vrai qu'il était défendu au mari d'affranchir les esclaves dotaux en fraude des droits de la femme, mais ce n'est point là un effet de la loi Julia, c'est une application de la loi Ælia Sentia qui déclare nuls les affranchissements faits en fraude des créanciers et par conséquent en fraude de la femme qui

[1] Voet., com. ad. pand. *de fundo dotali*, t. 8, p. 4. *Non etiam ad res mobiles legis Juliæ prohibitio porrigenda est, sive tales sint, quæ pondere, numero vel mensura constant, sive non fungibiles ut servi, sive alterius generis corpora utcumque pretiosa. Cum neque ulla id lege cautum sit, neque eadem mobilium pretiosorum quæ immobilium ratio inveniatur ; dum inanis sæpè circa mobilia legis prohibitio esset, ubi illa semel a marito interversa ac alienata, ab emptoribus celantur, aut ita abducuntur ut difficilis ac prope impossibilis eorum persecutio sit ; quod de immobilibus, interversioni tali haud subjectis, ac sponte satis ad vindicationem faciendam apparentibus, metuendum non est. Nec recte argumentum in contrarium a tutoribus res etiam mobiles pupillorum pretiosas alienare non valentibus, ad maritos circa res mobiles dotales cum fundamento transtuleris, cum diversitatis ratio manifesta in eo sit, quod in marito tanquam domino rerum dotalium regula vigeat, secundum quam qui dominus est alienandi rei potestatem habet, nisi lex impediat ; cum ergo in solis prædiis dotalibus legis Juliæ prohibitio concepta sit, consequens est in mobilibus regulæ communi standum esse. At in tutoribus, nullum dominii jus in re pupillari habentibus, regula contraria admittenda fuit ; eos nempe quia domini non sunt, nullam alienandi habere facultatem, nisi ipsis nominatim a lege datam appareat ; quod cum tantum circa res mobiles quæ servando servari nequeunt, ipsis tributum, in cæteris vero omnibus aperte denegatum sit. Evidens est perperam eos agere, qui maritorum tanquam dominorum, circa res mobiles dotales potestatem ex tutorum, non dominorum circa res pupillares potestate metiri volunt.* Conf. Brisson, l. *Serv. dotalem*, 21, D. *de manumiss.* Vinnius, Y, C. ad *prœm. Instit.* Cujas. *Vulgo ex hâc lege notant rem mobilem datam in dotem alienari posse ; quod equidem verum esse arbitror.* Sur la loi 21, D. *de manumiss.*

est créancière du mari pour la restitution des valeurs dotales[1]. Si donc les affranchissements faits par le mari étaient annulés, c'était à raison de son insolvabilité et non à cause de la nature inaliénable des esclaves dotaux.

Tous les commentateurs du Droit romain ont enseigné que la dot mobilière n'avait jamais été atteinte par la loi Juliani par la constitution de Justinien. Ils se fondent dans leur opinion sur des textes nombreux et convaincants[2]. A cette imposante autorité, M. Tessier (*Traité de la dot*) est venu opposer un texte décisif selon lui, et qui permettrait à la femme de revendiquer ses biens dotaux mobiliers ou immobiliers, estimés ou non, soit entre les mains du mari, soit entre celles des tiers détenteurs. Voici ce que porte la loi 30 C. *de jure dotium* : *In rebus dotalibus, sive mobilibus, sive immobilibus seu se moventibus, si tamen extant, sive æstimatæ sive inæstimatæ sint, mulierem in his vindicandis omnem habere post dissolutum matrimonium prerogativam jubemus.* Comment a-t-on pu voir dans ces mots de Justinien un droit de suite sur les meubles? Est-il vraisemblable d'admettre une pareille interprétation quand on réfléchit que cette loi s'étend autant aux choses *estimées* qu'aux choses inestimées? D'ailleurs, Justinien n'a donné à la femme le droit de ressaisir ses meubles dotaux qu'autant qu'ils sont extants, *si tamen extant*, non pas en quelque mains que ce soit, mais dans le patrimoine de son mari. C'est ce qui résulte clairement de la suite du texte précité : *et neminem creditorum mariti, qui anteriores sunt, posse sibi potiorem causam in his per hypothecam vindicare, cum eædem res et ab initio uxoris fuerint, et naturaliter in ejus*

---

[1] L. 10, D, *qui et a quibus liberi;* Cujas, sur la loi 3, C, *de jure dotium.*

[2] Ulp., l. 35, D. *de jure dotium.* Julien, l. 49, D. id., l. 56 et 43, § 1, id. Paul, l. 41 § 2, id. l, 60, § 6, D. *solut, matrim.* Javolenus, l. 65, § 6, D. id.

permanserint dominio. N'est-il pas évident qu'il ne s'agit que des biens apportés en dot par la femme, qui se trouvent dans le patrimoine du mari ? La femme a le droit de les revendiquer sur ce patrimoine et son droit doit être préféré à celui des créanciers du mari. Concluons-en que l'action réelle, accordée à la femme pour garantie de sa dot, ne portait que sur les meubles retrouvés par elle dans les biens de son mari à la dissolution du mariage, mais que toutes aliénations de biens de cette nature faites par le mari étaient valables ; qu'en un mot, la dot mobilière de la femme était aliénable.

Nous avons insisté sur cette matière parce qu'il importait de bien préciser la législation romaine sur un point qui fait doute dans la doctrine moderne. Passons maintenant aux réformes véritables faites par Justinien.

Nous avons déjà dit que ce prince avait interdit toute aliénation des immeubles dotaux, même lorsque la femme y donnait son consentement et cela pour la mettre à l'abri des faiblesses et des séductions propres à son sexe : *Ne fragilitate naturæ suæ in repentinam deducantur inopiam* [1]. Il se hâta aussi d'abolir la distinction qui existait entre le sol italique et le sol provincial dans l'application de la loi Julia, tranchant ainsi une question qui était déjà controversée sous Gaïus, ainsi que nous l'avons vu plus haut [2].

Mais ces développements apportés au principe d'inaliénabilité ne suffisaient pas encore aux yeux de Justinien pour garantir efficacement les dots, il imagina d'autres sûretés applicables tant à la dot immobilière qu'à la dot mobilière.

D'après l'ancien Droit, c'est Justinien qui nous l'apprend

---

[1] D. l. 2, t. 8, princ., l. un, § 15, C. *de rei uxor. act.*
[2] L. un. C. *de rei uxoriæ act.*

dans la loi Assiduis au Code *qui potior*, la femme n'avait qu'un privilége qui la rendait préférable aux créanciers chirographaires du mari (*in personalibus actionibus*). La femme qui voulait avoir une hypothèque sur les biens du mari était obligée de la stipuler. Dans la loi 29 au Code, Justinien fait un premier pas dans la voie des garanties qu'il veut accorder à la femme pour assurer la conservation de sa dot. « Lors, dit cette loi, que, pendant le mariage, le mari
» tombe dans la misère, et que la femme veut sauvegarder
» ses intérêts, elle peut s'emparer des choses à elle hypothé-
» quées (*res sibi suppositas*) pour dot, donation anté-
» nuptiale et pour les paraphernaux. Si un créancier du
» mari, *postérieur à son rang*, l'actionne en justice, elle
» le repoussera par le secours d'une exception (car, dit Go-
» defroy, *possidenti datur exceptio*). Elle peut même agir
» contre les tiers détenteurs de biens appartenant à son mari,
» et c'est en vain que ceux-ci lui opposeront que le mariage
» n'est pas dissous ; car elle pourra exercer l'action revendi-
» catoire sur tous les créanciers du mari à elle postérieurs,
» comme elle aurait pu le faire à la dissolution du mariage.
» Néanmoins, la femme ne pourra pas vendre ces choses tant
» que son mari sera vivant et que le mariage subsistera ;
» mais elle se servira des fruits pour nourrir elle, son mari
» et ses enfants. A la dissolution du mariage, le mari et la
» femme pourront faire valoir leurs droits sur la dot et la
» donation anté-nuptiale, conformément au contrat de ma-
» riage [1]. »

L'exercice de ce droit nouveau a été appelé par les praticiens : *assecuratio dotis vel indemnitas dotis*. Il faut se rappeler pour bien comprendre cette loi qu'à l'époque où

---

[1] Favre, Code *de jure dot.*, def., 2. et passim.

elle fut portée, il ne s'agissait que d'une hypothèque conven-
tionnelle : car, ainsi que le fait remarquer Cujas [1] (*Res
viri suppositas oportet intelligere ex conventione obliga-
tas, quia nondum erat tacita hypotheca*), Justinien n'avait
pas encore créé l'hypothèque tacite et générale de la dot.
Notre grand commentateur fait également observer que cette
hypothèque ne prend rang que par sa date et que le seul
droit qui soit attribué à la femme par la loi 29, c'est de
l'exercer pendant le mariage.

Mais bientôt les dispositions de la loi 29 devinrent applicables, même au cas où la femme n'avait pas stipulé d'hypothèque et celle-ci put s'en prévaloir, même contre les
créanciers hypothécaires antérieurs au mariage. C'est ce qui
arriva lorsque, par les constitutions nouvelles dont nous
allons parler, Justinien eut créé l'hypothèque tacite de la dot.
Cependant nous devons faire remarquer que l'hypothèque
consentie pour la donation anté-nuptiale ne participait point
aux priviléges que la constitution assurait à la dot. La femme
qui, après le dérangement des affaires du mari, s'était fait
mettre en possession de ses biens hypothéqués à sa dot,
n'avait pas le droit d'en disposer. Ils restaient frappés d'inaliénabilité entre ses mains, parce que c'était sur eux que re-
posait la garantie de conservation de la dot.

La loi 30 du Code *de jure dotium* donne à la femme une
hypothèque tacite et privilégiée sur les biens composant la
dot, estimés ou non, ou si elle le préfère une action réelle
pour les revendiquer (*Si quidem extant*). *Ut per utramque
viam sive in rem sive hypothecariam ei plenissime consu-
latur.* Si le mari est solvable, elle est obligée d'attendre la
dissolution du mariage pour exercer son action; mais, comme

[1] Récit solenn. sur le Code *de jur. dot.*, 29.

dans la loi précédente, l'insolvabilité du mari survenue pendant le mariage donne lieu à l'exercice immédiat de cette action. La femme, dans le cas où la fortune de son mari se trouvait compromise, était appelée à exercer tous ses droits sans recourir au procédé du divorce réel ou fictif. Cette institution nouvelle est l'origine de notre séparation de biens. Par une conséquence légitime de cette situation, la femme ne devait plus s'en prendre qu'à elle-même si elle laissait péricliter ses droits par sa propre négligence ; dès lors, les exceptions fondées sur l'usucapion ou les possessions de long temps pouvaient lui être opposées par les tiers intéressés. C'est ce que Justinien décide dans la seconde partie de notre loi 30. L'usucapion commence donc à courir, pendant le mariage, contre le fonds dotal à partir du moment où la femme a repris l'administration des biens. *Ex quo possunt actiones moveri.*

Les dispositions de la loi 30, au sujet de l'hypothèque tacite de la femme, ne s'étendaient qu'aux biens dotaux et non sur les biens propres du mari : *Hoc ergo privilegium lex dat tantum in ipsis rebus dotalibus, sive æstimatæ sunt sive inæstimatæ sint.* Justinien voulut que cette hypothèque affectât tous les biens du mari, en sorte que la créance de la femme, pour la restitution de sa dot, se trouvât à primer tous les créanciers, même privilégiés et antérieurs du mari. C'est cette faveur vraiment exorbitante qui est consignée au Code loi uniq. *de rei uxoriæ actione* et loi Assiduis *qui potiores.*

D'après la loi 21 au Code ad S. C. Vellejanum, la femme pouvait renoncer à l'hypothèque qu'elle avait, à raison de ses apports matrimoniaux ; cette renonciation toutefois était subordonnée à la solvabilité future du mari, de telle sorte que de l'avis de tous les interprètes du Droit romain [1], elle eût

[1] V. Favre, C., l. 4, t. 21, def., 15 et 26; l. 8, t. 15, def., 3 et 7.

été nulle si le mari, au moment de la restitution de la dot, n'avait pas eu de biens suffisants pour indemniser la femme. La loi un. au Code *rei ux. actione*, décida que cette renonciation ne pouvait porter que sur les biens propres du mari ou sur les biens dotaux dont la propriété lui avait été transférée par estimation.

Enfin, quelques Novelles vinrent compléter les réformes de Justinien sur la dot,

La Novelle 97 exigea que les biens composant la donation anté-nuptiale fussent d'une valeur au moins égale à la dot.

Dans la Novelle 61, Justinien, voulant assurer à la femme le bénéfice de sa donation *propter nuptias*, décida que le mari ne pourrait aliéner ni hypothéquer les immeubles sur lesquels cette donation portait. Le consentement de la femme ne pouvait relever le mari de cette incapacité, qu'autant qu'il avait été réitéré deux ans après et qu'il restait au mari des biens suffisants pour remplir la libéralité anté-nuptiale. Puis, l'Empereur, revenant sur les faveurs excessives attachées à la dot, déclara que les mêmes règles seraient applicables aux biens composant la dot, qu'ils soient mobiliers ou immobiliers. *Et multo potius hæc in dote valebunt si quid dotis aut alienetur aut supponatur, jam enim hæc sufficienter delimata atque sancita sunt :* d'où l'on doit conclure que la dot était désormais aliénable, si le mari pouvait fournir à la femme son indemnité. Il est vrai que quelques auteurs ont repoussé cette explication du texte précité, prétendant que Justinien n'avait voulu que rappeler les garanties analogues mais plus efficaces qu'il avait accordées ailleurs pour la protection de la dot. Ils ne peuvent croire que ce soit à la fin d'une loi rendue sur une tout autre matière qu'il ait porté une aussi grave innovation à l'économie des sûretés antérieurement établies pour la conservation de la dot et notamment au principe de l'aliénabilité du fonds dotal. Mais il paraît bien difficile, en présence d'expressions aussi claires et aussi formelles, de ne pas admettre une interprétation qui a d'ailleurs pour elle l'assentiment des plus célèbres commentateurs [1]. Quoi qu'il en soit, l'idée de cette Novelle, telle que nous l'entendons, pénétra dans quelques parties de la France, et y fit adopter certains tempéraments au principe de l'inaliénabilité dotale.

Tel est, en résumé, le système des précautions établies dans le dernier état du Droit romain pour protéger les intérêts de la femme mariée. Avant d'étudier la législation de notre Droit civil sur les mêmes matières, et de rechercher l'influence des idées romaines sur notre jurisprudence ancienne et moderne, il nous reste à nous demander ce qu'est devenu le droit de propriété du mari sur la dot, et à nous prononcer entre deux opinions contraires : l'une qui veut que les restrictions successives qu'a subies ce Droit aient altéré son caractère général et sa nature ; l'autre qu'elles n'aient fait seulement qu'apporter des entraves à son exercice.

C'est une question qui, au premier abord, paraît résolue par les textes d'une façon contradictoire.

De nombreux passages établissent de la manière la plus nette le droit de propriété du mari sur les choses données en dot. *Fiunt res mariti quæ in dotem dantur*, dit la loi 7 *de jure dot. D.* D'un autre côté, le fonds est qualifié dotal, *cum dominium marito quæsitum est* [2] et ce domaine, la femme ne peut l'enlever pendant le mariage au mari, malgré lui [3]. Les *Institutes* nous montrent la tradition pour cause de dot comme transférant la propriété et mettant le mari en posi-

---

[1] Cujas, *Expos. des Nouvelles :* sur la Nov. 61.
[2] L. 15, § 2, de f. d. D.
[3] C. l. 23, f. d.

tion d'usucaper la chose *pro dote* [1]. Ce qui prouve bien que la tradition *pro dote* est une *justa causa* et implique volonté d'acquérir la propriété [2]. D'ailleurs, le mari peut seul revendiquer les choses dotales contre les tiers possesseurs, ce qui est le caractère du droit de propriété [3].

Gaïus nous dit : *Dotale prædium maritus prohibetur alienare quamvis ipsius sit.* Enfin, pour ne pas multiplier à l'infini des citations déjà trop nombreuses, Justinien, dans ses *Institutes,* liv. 2, t. 8, reproduit littéralement la phrase précitée de Gaïus.

Aussi Cujas en tire la conclusion suivante : *Dominium dotis in maritum transit :* et cela est si vrai que, même à une époque où le droit de propriété du mari avait reçu les plus graves atteintes et où il pouvait régner le plus de doute à cet égard, la loi 30 au Code accorde à la femme une hypothèque sur les biens apportés en dot au mari.

Cependant d'autres textes semblent contredire cette idée de propriété du mari. Ainsi dans cette même loi 30, Justinien relègue ce droit au nombre des fictions légales, en déclarant que ce n'était pour ainsi dire qu'en apparence que les biens dotaux passaient *in patrimonium mariti,* tandis qu'en réalité ils restaient dans celui de la femme ; ailleurs [4], la dot est considérée comme le *patrimonium* de la femme, et quoiqu'elle soit *in bonis mariti, mulieris tamen est,* nous dit Tryphonius, et Ulpien en parlant des violences exercées sur les esclaves dotaux : *Sævitia in propriis culpanda est, in alienis coercenda, hoc est in dotalibus ;* d'ailleurs , en parlant

[1] *Inst.,* 2, 1. 40. — 1. 47, 6, D. *de peculio.*
[2] M. Ortolan, 1, p. 455.
[3] C. 1. 9, *de rei vindic.*
[4] L. 75, *de jure dotium,* D.

du trésor trouvé sur le fonds dotal, il se sert de ces expressions : *quasi in alieno inventi* [1] :

Enfin la dot immobilière procurait à la femme, en même temps qu'au mari, le bénéfice d'être dispensée de donner la caution *judicio sisti* : ce qui supposait même qu'elle était regardée comme en possession de cette dot immobilière [2]; et Paul décide que la dot reste comprise dans les biens du mari pendant le mariage, mais qu'il n'en sera pas tenu compte pour déterminer l'importance de son patrimoine, en raison de laquelle il pourrait prétendre à l'exercice de certaines fonctions municipales.

En présence de ces textes contradictoires, diverses explications ont été données par les interprètes. Les uns, s'appuyant sur la loi 30 au C. *de jure dotium*, ne voient dans le droit de propriété du mari qu'une fiction légale, un vestige de ce vieux principe : Que le mari est propriétaire de la dot, qui était une vérité dans l'ancien droit, mais qui ne s'est perpétuée dans le nouveau que comme un dicton [3]. Quelques auteurs ont dit que le mari n'avait que le domaine bonitaire et non le domaine quiritaire sur les choses données en dot; mais cela est inadmissible pour tous les cas où il y avait eu *mancipatio* ou une *cesssio in jure*. D'autres, M. de Savigny en tête, reconnaissent que le mari a sur les choses dotales le *dominium ex jure quiritium* et l'*in bonis*. « Mais, disent-» ils, le mari supporte les charges du mariage, au nombre » desquelles figure en première ligne l'entretien de la femme. » Celle-ci retire donc un profit de la dot : elle en a la jouis-» sance, non comme un droit positif dont elle puisse actuel-» lement faire reconnaître l'existence et s'assurer l'exercice

---

[1] L. 7, § 12, D. *solut. matrim.*
[2] L. 18, § 3, D. *qui satisd. cog.*
[3] M. Ortolan, *Inst.*, l. 2, t. 7, n° 479.

» par une action, mais comme un avantage que lui garantit
» sa position de femme mariée : on peut dire de cette jouis-
» sance comme de l'état de mariage lui-même : *In facto po-
» tius quam in jure consistit* [1]. » Cette théorie a sa racine
dans ce texte de la loi 78 : *Hujus etiam (mulieri) constante matrimonio quamvis apud maritum dominium
sit, emolumenti potestatem esse creditur.*

Ce système, quoiqu'ingénieux, ne me paraît pas satisfaisant
en ce qu'il est en contradiction avec les textes du Digeste, qui
donnent à la femme la qualité de propriétaire. Et en effet,
loin de reconnaître un domaine quelconque chez la femme, ce
système ne lui alloue qu'un droit de jouissance indirecte.
D'ailleurs, si, à certains égards, il peut paraître vrai que le
droit de la femme consiste plutôt *in facto quam in jure*, il
est certain qu'en général il est plus exact de renverser cette
proposition et de dire *in jure potius quam in facto consistit*, puisque pendant le mariage tous les effets de la propriété, jouissance, administration, poursuite des débiteurs,
exercice des actions, se trouvent presque sans exception entre
les mains du mari.

Quant à nous, nous nous rallions au système professé par
Cujas et qui se résume en ces mots : *Uxor domina est rerum dotalium naturaliter, maritus civiliter et dotis
causa.* Nous reconnaissons avec le grand commentateur la
double propriété qui pèse sur la dot : Propriété naturelle de
la femme qui lui garantissait la restitution de la dot à la fin
du mariage ; propriété civile du mari, nécessaire pour toucher les fruits, exercer les actions, en un mot administrer les
biens dotaux. Double propriété, qui n'était en rien contraire
à l'esprit du Droit romain, qui admettait une propriété boni-

---

[1] Pellat, *Textes sur la dot*, p. 48-580.

taire et une propriété quiritaire. Cette opinion trouve sa preuve dans les expressions de la loi 30 au C. *de jure dotium*, si souvent citée : *Cum eœdem res, et ab initio uxoris fuerint, et* naturaliter *in ejus permanserint dominio.* Je trouve une autre preuve de la coexistence du droit de propriété du mari et de celui de la femme dans la loi 15, pr. et § 8, D., *qui satisd. cog. : Si fundus in dotem datus sit, tam uxor quam maritus propter possessionem ejus fundi possessores intelliguntur.* Et en conséquence, ils étaient tous deux dispensés, comme possesseurs d'immeubles, de fournir la *cautio judicio sisti.*

Cette simultanéité de droit s'explique aisément par cette considération, que le mari est propriétaire sous condition résolutoire et la femme sous condition suspensive : *Puto constante matrimonio dotem in bonis mariti esse :* mais, *soluto matrimonio,* le mari est tenu à rendre la dot de la femme. Tous les actes du mari qui portent atteinte au droit éventuel de la femme, doivent être réputés nuls ; et d'un autre côté, la femme peut faire tous les actes conservatoires de ce droit, qui ne portent pas atteinte à la puissance maritale. C'est ce que l'on voit dans la loi 78, D. *de jure dotium*, où Tryphonius décide : « Que si la femme a donné en dot un » fonds non estimé, au sujet duquel elle avait eu la précaution » de faire la stipulation du double, et que le mari ait été » évincé de ce fonds, elle peut agir sur-le-champ en vertu de » cette stipulation. » Et si la femme peut agir, n'est-ce pas parce qu'elle est en danger de perdre la dot, ou plutôt, son droit éventuel à la dot ? Même solution donnée par Pomponius à la loi 22, § 1, *de evictionibus*, et pour la même raison.

C'est ainsi encore que les aliénations que le mari a consenties, deviennent valables si la condition résolutoire ne s'accomplit pas et s'il gagne la dot : *Si dos lucro mariti cessit*[1].

Ce système est soutenu par un grand nombre d'interprètes du Droit romain : Vinnius, Hilliger sur Doneau[2]. Nous terminerons en citant les propres termes de Pothier : « Par le Droit romain, la femme transférait à son mari la propriété de ses biens dotaux, à la charge de la restitution qui devait lui en être faite lors de la dissolution du mariage. Le mari, durant le mariage, en était le véritable propriétaire, la femme, durant le mariage, étant plutôt créancière de la restitution de ses biens dotaux qu'elle n'en était propriétaire. C'est en conséquence de cette créance, c'est par rapport à cette restitution et en considération de cette restitution qui devait lui être faite un jour de sa dot, que la dot est appelée quelquefois dans les textes du Droit, le bien et le patrimoine de la femme. »

[1] L. 17, D., f. d.; l. 42, D. *de usurp*.

[2] Comment., *de jure civili*, lib. 14, p. 339. Connan. Comment., *jur. civil.*, p. 911 et 912.

ANCIEN DROIT.

Le régime dotal était en vigueur dans les provinces romaines des Gaules, à l'époque des invasions des Germains. Les barbares qui admettaient le principe de la personnalité du droit, le laissèrent subsister principalement dans les provinces du midi, où l'assimilation entre les vainqueurs et les vaincus fut moins complète et qui continuèrent à être régies par le Code Théodosien et par le *breviarium* d'Alaric. La Gaule, ne reconnaissant plus la souveraineté des empereurs de Constantinople, resta étrangère aux lois et aux constitutions qui en émanaient et ne connut que fort tard la législation Justinienne. Ce ne fut qu'au 12ᵉ siècle que les lois de Justinien finirent par l'emporter sur le Code Théodosien, et firent pénétrer en Gaule le principe de l'inaliénabilité de la dot immobilière. Jusqu'alors on voit par des monuments certains que dans les 7ᵉ, 8ᵉ, 9ᵉ, 10ᵉ et 11ᵉ siècles, la loi Julia d'Augusto faisait la base du Droit gallo-romain.

Cependant vers la fin du 10ᵉ siècle, un monument composé dans le territoire de Valence, le *Petri exceptiones* [1] semblerait prouver qu'à cette époque la Novelle 61 commençait à être connue dans la Gaule. « *Sin autem sit immobilis incæstimata (dos), non potest eam alienare maritus sine consensu uxoris. Nec sufficit solus consensus : sed opus est ut post*

---

[1] M. de Savigny, *Hist.* du droit rom. au moyen-âge, t. 2, ch. D, § 49 et 80.

biennium alienationem uxor confirmet et de aliis rebus mariti recompensationem habeat. Idem de propter nuptias donatione intelligendum est[1]. »

Ainsi, le mari a un droit absolu sur la dot mobilière ; il peut encore aliéner la dot immobilière avec le consentement de la femme, seulement à condition que ce consentement soit confirmé deux ans après.

Plus tard, vers le 12e siècle, lorsque l'enseignement des glossateurs de l'école de Bologne eut popularisé les livres de Justinien, la législation d'Auguste sur le régime dotal fit place à celle qui préconisait le principe de l'inaliénabilité absolue de la dot immobilière.

Toutefois, quoique ce fût la loi générale des pays de droit écrit, la coutume de Bordeaux, s'inspirant de l'idée de la Novelle 61, déclarait dans son art. 83, que la femme pouvait consentir à l'aliénation de la dot et renoncer à son hypothèque légale si le mari était solvable au moment de la restitution de la dot[2].

Quelques pays de coutume avaient aussi adopté le régime dotal consacré par la loi romaine. C'étaient l'Auvergne, la Marche et la Normandie. Dans les deux premiers pays compris dans le ressort du Parlement de Paris, on jugeait toutes les questions dotales d'après la loi romaine ; seulement on s'y inspirait des tempéraments de la Nov. 61, et on permettait la vente des biens dotaux lorsqu'ils ne préjudicient pas aux intérêts de la femme[3]. « Le mari et la femme, conjointement

---

[1] *Maritus dotem alienare potest, si mobilis sit, etiam sine consensu uxoris, æstimatione tamen reddenda uxori. Si vero immobilis sit, et si æstimata data sit viro, similiter eam alienare potest, consentiente uxore, sive non, æstimatione tamen reddenda uxori. Idem et de mobili æstimata judicandum esse probatur a majori.*

[2] Bretonnier, sur Henrys, t. 2, p. 196.

[3] Auver., ch. 14, art. 13.

ou séparément, constant le mariage ou fiançailles, ne peuvent vendre, aliéner, permuter, ni autrement disposer des biens dotaux de ladite femme au préjudice d'icelle, et sont telles dispositions et aliénations nulles et de nul effet et valeur, et ne sont validées par serment. Mais quand ladite femme est dûment récompensée de fonds ou chevance certains, en ce cas, est au choix de ladite femme mariée ou ses descendants, dedans an et jour après le trépas de son dit mari, recouvrer et soi tenir à la chose dotale, ou à ladite récompense. Et ledit un passé, ne pourra revenir à la chose dotale, pour que la récompense ne fût suffisante, si ce n'est en cas d'éviction. »

En Normandie, le régime dotal était une institution de la coutume et non une émanation du Droit romain. Aussi était-ce là surtout que le principe de l'inaliénabilité était tempéré par l'équité. D'après l'art. 540 de la coutume, la femme ne pouvait s'adresser que subsidiairement aux tiers détenteurs, lorsqu'elle n'avait pas à espérer de récompense sur les biens du mari. Dans ce cas, les tiers détenteurs avaient l'option ou de déguerpir ou de payer le juste prix, suivant l'estimation de la valeur lors du décès du mari [1].

Enfin on trouve une dernière exception, et la plus remarquable de toutes, dans les pays de Lyonnais, Mâconnais, Forez et Beaujolais, où le principe d'inaliénabilité était tombé en désuétude et fut abrogé par édit du 16 avril 1664 [2].

Telle était notre ancienne jurisprudence en ce qui concernait la dot immobilière de la femme. Mais les droits du mari

---

[1] Bretonnier, sur Henrys.

[2] Cet édit porte qu'il a été rendu sur les remontrances du prévôt des marchands et des échevins de la ville de Lyon, inquiets de quelques arrêts récents et tentatives que faisaient les légistes pour soumettre ces provinces à des prohibitions qui y étaient considérées (dit Henrys, p. 180, n° 10) comme des nouveautés préjudiciables au commerce et au repos commun, et de difficile digestion. (Troplong, n° 3218.)

sur les meubles dotaux offrent plus de difficulté et présentent de grandes variations. Il importe d'examiner sur quels points les Parlements s'étaient écartés des traditions romaines ; par là, nous préparerons la solution de la fameuse question de l'inaliénabilité de la dot mobilière dans notre législation actuelle.

Avant de passer en revue la jurisprudence de chacun des parlements sur ce point, il est utile de faire certaines distinctions à raison soit de la nature des biens , soit des droits différents du mari et de la femme. Il ne faut pas confondre, en effet, les choses fongibles, les choses corporelles et les choses incorporelles qui, formaient trois espèces de biens dont la dernière était soumise, dans certains Parlements, à des règles particulières. Nous verrons aussi qu'il faut tracer une ligne de démarcation distincte entre les actes consentis par le mari et ceux qui émanent de la femme pendant le mariage ou après la séparation de biens.

Quant aux choses fongibles, à celles qui se consomment par l'usage , *quæ in numero, pondere, mensurare consistunt,* telles que les sommes d'argent, le mari avait plein droit d'aliénation. Ce point est incontestable. Il était reconnu par tous les Parlements. Il n'était pas besoin , en effet , pour l'établir, de recourir à la propriété du mari sur la dot, mais seulement à son droit d'usufruit sur les biens dotaux. Mais la femme séparée de biens n'avait sur ces mêmes biens qu'un droit de disposition limité et restreint.

Dans le ressort du Parlement de Toulouse, le mari pouvait disposer de la dot mobilière sans distinguer entre les meubles fongibles et les meubles non fongibles [1]. Il est vrai que Despeisses se prononce fermellement pour l'inaliénabilité de la

[1] T. I, p. 508.

dot mobilière. Il veut que la femme, fasse révoquer l'aliénation des meubles non fongibles faite par le mari. Mais il se trouve en contradiction avec une jurisprudence constante et la presque universalité des auteurs. Ecoutons, en effet, l'annotateur de Despeisses [1] :

« Lorsque l'aliénation des meubles apportés en dot par la » femme a été faite par le mari, ni elle, ni ses héritiers, ne » peuvent révoquer cette aliénation, quoiqu'il s'agisse de meu- » bles meublants et non estimés, et parce que le mari n'est » point simple dispensateur de ces meubles, qu'il en est » comme le maître et le propriétaire, et que la prohibition de » la loi Julia ne s'étend point sur le mobilier apporté en dot » par la femme. S'il en était autrement, le commerce des meu- » bles serait trop gêné.

» Il en faut dire de même d'une action et créance dotale ; » le mari peut la céder ou en recevoir le remboursement » (Catelan, l. 4, ch. 47), même d'une rente constituée dotale, » car toutes les actions concernant la dot appartiennent au » mari pendant le mariage. Mais la cession et transport, que » le mari ferait de la rente constituée dotale, n'empêcherait » pas que la femme n'en pût révoquer l'aliénation, tandis » qu'elle subsisterait, attendu que les rentes constituées ont » suite par hypothèque, pendant tout le temps qu'elles subs- » sistent : *secus*, si elle se trouvait éteinte et remboursée.

» Cependant, si les meubles dotaux étaient saisis à la re- » quête des créanciers du mari, la femme peut les revendi- » quer [2]. »

D'ailleurs, Despeisses, ce champion si dévoué de l'aliénabi- lité, reconnaît lui-même que la prescription court pendant le

[1] T. 1, p. 508.
[2] P. 403, col. 1.

mariage à l'égard des créances dotales et qu'elle est opposable à la femme, l'époque de la restitution de la dot arrivant, dans le cas même où le mari serait insolvable [1].

. Voici ce que dit Serres : « Puisqu'il n'y a que l'aliénation du fonds dotal qui soit défendue par la loi, il s'ensuit que le mari est le maître absolu des sommes, actions, obligations ou hypothèques dotales et qu'il peut les aliéner comme il trouve à propos, » et il cite un arrêt du 11 août 1708, émané du Parlement de Toulouse, qui décide que le mari avait pu valablement traiter et transiger des droits de sa femme, quoiqu'elle fût mineure et qu'il fût même question d'un compte tutélaire [2].

Catelan enseigne que le mari étant le maître absolu des obligations qui lui ont été constituées en dot et pouvant les nover et en retirer paiement, comme bon lui semble, sans être obligé de donner caution, il s'ensuit que, tandis que ces obligations appartiennent au mari, ses créanciers peuvent faire saisir et arrêter les sommes dotales entre les mains des débiteurs et qu'ils doivent en avoir la recréance, sans que la femme puisse s'y opposer, si les biens de son mari ne sont pas en distribution [3].

Fromental [4] et Juin, conseillers au Parlement de Toulouse, reproduisent la même opinion : « Les créances dotales pécuniaires, quoique assorties d'une hypothèque, ne sont nullement aliénables entre les mains du mari, parce que ce sont des choses mobilières étrangères à la prohibition de la loi Julia [5]. » L'aliénation des hypothèques dotales est permise au mari pendant le mariage, parce que la loi ne défend au mari que l'aliénation des fonds dotaux. »

Toutefois, les meubles corporels n'étaient pas saisissables

---

[1] Despeisses, *Tit. de la dot.* S. 3, n° 30, t. 1, p. 810.
[2] *Inst.* p. 103. Serres.
[3] Catelan, liv. 4, ch. 47, t. 2, p. 123.
[4] V. *Dot,*. 1, n° 234.
[5] *Journal du Palais,* t. 7, p. 16 et et 17.

par les créanciers pour dettes du mari, si ce n'est pour les loyers de la maison occupée par les époux [1]. Quant aux meubles incorporels, tels que les créances, ils pouvaient être saisis par les créanciers du mari, sauf à la femme, si les biens de ce dernier sont en distribution, à s'opposer à la recréance des sommes arrêtées ; tempérament conforme à la loi romaine [2]. Cette différence entre ces deux espèces de meubles s'explique, d'après les anciens auteurs, par la diversité de leur nature. Les uns restent la propriété de la femme, tandis que les autres ont pour objet un capital que le mari a droit de se faire payer, dont il devient propriétaire, et dont il est maître de disposer après l'avoir touché [3].

En résumé, on peut conclure que dans le ressort de Toulouse la dot mobilière était aliénable entre les mains du mari. En ce qui concerne la femme, on pensait qu'elle n'avait en aucune manière la disposition de ses biens dotaux mobiliers, et qu'elle ne pouvait les aliéner par ses engagements contractés pendant le mariage. Lors même qu'elle était séparée de biens, la dot mobilière restait indisponible entre ses mains ; si elle consistait en une somme d'argent dont la dissipation est si facile, la femme ne pouvait la toucher qu'à la charge d'un placement ou d'un bail à caution, à moins qu'il ne s'agisse d'une somme modique, auquel cas la femme a tout pouvoir de la négocier et de l'aliéner [4]. Cette décision ne se basait pas sur le principe de l'inaliénabilité, mais sur celui de l'incapacité présumée de la femme.

En Provence, les auteurs étaient partagés sur notre question. Roussilhe, qui cite Catelan, se prononce pour l'aliénabi-

[1] Arrêt du 10 janvier 1693.
[2] Roussilhe, *de la dot*, t. 1, n° 234.
[3] Serres, *Inst.* p. 103. Soulfages sur d'Olive, l. 3, ch. 28 et 29.
[4] Vedel, sur Catelan, l. 4, ch. 43.

lité de la dot mobilière. Boniface, auteur provençal, donnait au mari la disposition des créances de la femme. Il rappelle un arrêt du 18 décembre 1670, qui a jugé que le mari pouvait transiger sur le droit de sa femme à un compte de tutelle, quoiqu'elle fût mineure lors de la transaction. On retrouve la même opinion chez le nouveau Denizart [1]. Cependant selon plusieurs auteurs, le débiteur n'était libéré d'une manière définitive qu'après le décès du mari et lorsque celui-ci était solvable.

Il est utile de remarquer que dans le ressort du Parlement d'Aix, à la différence de la jurisprudence de différents Parlements, notamment de celui de Bordeaux, les rentes constituées étaient considérées immeubles, et que, par suite, si le transport des rentes ne saisissait pas les tiers, on n'en peut tirer aucun argument contre l'aliénabilité des meubles en Provence.

Quant à la femme, ici comme à Toulouse, elle était incapable d'aliéner sa dot mobilière. C'est ce que Julien nous confirme expressément : La femme ne peut pendant le mariage, aliéner ni engager sa dot, soit que la dot consiste en argent, en meubles ou immeubles [2]. Dupérier reproduit la même opinion. La femme séparée de biens, ne peut toucher ses biens fongibles qu'après avoir donné les garanties exigées par le Parlement de Toulouse.

A Grenoble, les créances dotales étaient disponibles entre les mains du mari, même lorsqu'elles avaient pour objet un immeuble. On y considérait en effet les créances comme une troisième espèce de biens, distincte des meubles et des immeubles et non susceptible de tradition, et on refusait de leur ap-

---

[1] V. M. Tessier, note de la p. 113, *Quest. sur la dot.*
[2] *Elém. de jurisp.*, p. 57, n° 28.

pliquer la règle de l'inaliénabilité, que la loi romaine n'attachait qu'à la tradition du fonds [1].

Que décider à l'égard des meubles corporels non fongibles? M. Pont et M. Troplong, quoique ce dernier auteur soutienne la thèse de l'aliénabilité, citent un arrêt du 14 août 1600, rapporté par Expilly, ch. 123, d'après lequel la femme et les héritiers de la femme auraient eu la faculté de faire casser l'aliénation des meubles faite par le mari, lorsque ces meubles ne consistaient pas en poids, nombre et mesure. Nous pensons que c'est là une citation inexacte, l'arrêt précité se rapportant non à une aliénation de meubles dotaux, mais à la vente d'un fonds dotal. Nous écarterons donc ce témoignage pour nous en référer à plusieurs arrêts du Parlement de Grenoble, desquels il résulte que la femme peut, avec l'autorisation du mari, faire donation de ses meubles dotaux non fongibles, même à des étrangers [2]. Sa dot mobilière était aliénable.

Mais la femme ne pouvait disposer de ses meubles dotaux. Lorsque le mari était exproprié de ses biens, le montant de la collocation accordée à la femme devait recevoir un placement sûr et convenable, afin qu'elle pût en toucher les intérêts sans en dissiper le capital.

Le Parlement de Bordeaux proclamait l'inaliénabilité de la dot mobilière, mais avec le tempérament que nous avons signalé plus haut, à savoir que l'aliénation de la dot, même immobilière, consentie par la femme, était valable si celle-ci trouvait au décès du mari une récompense suffisante dans ses biens. Toutefois, on tolérait la vente des meubles non fongibles s'ils étaient sujets à dépérissement.

Les choses incorporelles étaient assujetties à la même règle.

[1] Duport-Lavillette. *Quest. de droit*, t. 3, p. 27.
[2] Duport-Lavillette, *Sup.*, t. 2, p. 818.

Le mari n'avait pas le droit d'en disposer. Cette jurisprudence ne saurait surprendre dans un Parlement qui refusait au mari l'exercice des actions pétitoires dotales tant en demandant qu'en défendant [1].

La dot était aussi inaliénable entre les mains de la femme pendant le mariage ou après la séparation de biens. Il lui était permis cependant de renoncer, d'une manière valable, aux hypothèques et priviléges qui lui étaient accordés pour sûreté de sa dot et conventions matrimoniales, si elle trouvait dans les biens de son mari de quoi répondre de ses droits dotaux.

Dans les pays de droit écrit qui relevaient du Parlement de Paris, et autres toutefois que les provinces du Lyonnais, Beaujolais, Forez et Mâconnais, on proclamait l'inaliénabilité de la dot mobilière, et en conséquence les obligations soit du mari seul, soit du mari et de la femme conjointement, ne pouvaient s'exécuter, même après le mariage, sur la dot mobilière [2]. Nous avons cité plus haut la coutume d'Auvergne (t. 14, art. 3). Elle ne distinguait pas entre les biens mobiliers et immobiliers et leur appliquait à tous deux la prohibition de la loi Julia, tout en admettant le tempérament de la Nov. 61. Des arrêts des 18 mai 1657 et 13 juillet 1658 faisaient aussi l'application de ces principes [3]. La femme ne pouvait, même après la séparation de biens, engager sa dot, en deniers, pour l'exécution des obligations contractées soit par elle seule, soit avec le concours de son mari.

Nous avons déjà parlé de l'édit de Louis XIV, rendu en 1664, abrogeant la loi Julia dans le Lyonnais, le Mâconnais, le Forez et le Beaujolais. Cet édit, dont nous avons signalé les

[1] Salviat, 196.
[2] Henrys, l. 4, quest. 141.
[3] Brodeau, sur Loisel, lettre D, n° 6.

causes, ne faisait que sanctionner un état de choses déjà subsistant et prononçait non seulement pour l'avenir, mais encore pour le passé [1].

Un édit antérieur avait aboli, en 1606, le sénatus-consulte Velléien dans tout le royaume, à cause des nombreux abus auxquels donnait naissance l'interprétation des clauses de renonciation. Bien que cet édit laissât subsister le principe de l'inaliénabilité dotale et ne permît à la femme d'obliger que ses biens libres, il ne fut néanmoins enregistré qu'au Parlement de Paris, et encore fût-il besoin de le confirmer dans la déclaration de 1664, qui en limitait l'application aux seules provinces pour lesquelles l'abrogation de la loi Julia avait paru nécessaire.

Tel était l'état des choses dans notre ancienne jurisprudence. Des cinq Cours souveraines qui réunissaient sous leur juridiction les pays attachés au régime dotal, deux, celles de Toulouse et de Grenoble, laissaient à la libre disposition du mari les biens mobiliers dotaux. Au Parlement d'Aix, la question était controversée et les arrêts contradictoires. A Bordeaux, le principe d'aliénabilité n'était admis que sous certaines conditions. Enfin, la Cour de Paris, qui posait le principe rigoureux de l'inaliénabilité, comprenait dans son ressort quatre provinces où la loi Julia n'était pas observée, et une cinquième, l'Auvergne, où elle était tempérée dans son application comme à Bordeaux.

En examinant la question au point de vue de la capacité de la femme, on arrive à cette conclusion uniformément adoptée par les auteurs et les Parlements de droit écrit, c'est que toutes les actions concernant la propriété des biens dotaux, meubles ou immeubles, étaient suspendues entre ses mains

[1] Sur Henrys, Bretonnier, t. 2, quest. 141.

pendant le mariage, en sorte qu'elle ne pouvait les aliéner directement, par aucun acte gratuit ou onéreux, ni indirectement, en consentant des obligations qui auraient affecté ces mêmes biens. Cette incapacité tirait son motif, chez les uns, de l'indisponibilité des biens eux-mêmes, chez les autres, du droit conféré au mari d'exercer seul les actions dotales et de son usufruit sur les biens dotaux.

Dans l'hypothèse où le dérangement des affaires du mari entraînait la séparation de biens, la femme succédait bien au mari dans l'administration de la dot mobilière, mais elle ne pouvait en disposer que dans des cas exceptionnels, et encore son droit de gestion était-il limité par les précautions au moyen desquelles la jurisprudence avait voulu sauvegarder cette dot. *Ne sexus muliebris fragilitas in perniciem substantiæ ejus verteretur.* Mais ce n'était là, comme nous en avons déjà fait l'observation, qu'un statut personnel qui tenait à l'incapacité présumée de la femme et dérivait d'un tout autre ordre d'idée que l'inaliénabilité dotale.

La prohibition d'aliéner le fonds dotal dérivant d'une combinaison de la loi, dans l'ordre des transmissions de biens, constituait un statut réel. Dès lors, pour connaître la condition des immeubles appartenant à la femme en l'absence de stipulations particulières, ce n'était pas la loi du domicile matrimonial qu'il fallait consulter, mais bien celle de la situation des immeubles. Cette dernière loi, bien qu'elle n'eût pas été formellement adoptée dans le contrat, était censée faire partie des conventions matrimoniales et tenait de leur immutabilité. Par conséquent, une femme mariée sous la coutume de la Marche, qui frappait d'inaliénabilité les biens dotaux, vient-elle à recueillir une succession dans le Beaujolais, où la loi Julia avait été abrogée, les biens faisant partie de la succession pourront être aliénés. Il faudrait appliquer la décision inverse, si une femme mariée et domiciliée à Paris avait acquis des biens dans le ressort d'une coutume où la dot est inaliénable, en Normandie, par exemple. Telle était la théorie des anciens auteurs. La Cour de cassation a fait application de ces principes par deux arrêts à la date des 16 mai et 11 janvier 1831 [1].

Par une autre conséquence des mêmes principes, la dot d'une femme mariée sous l'empire des lois anciennes serait susceptible d'être aliénée, sous le Code, dans tous les cas où l'aliénation pouvait en être faite autrefois et aux mêmes conditions, de même qu'elle resterait soumise à l'inaliénabilité qui l'aurait frappée antérieurement à l'émission du Code, quelles que fussent à cet égard les nouvelles dispositions législatives. Nous savons en effet, que la loi de la situation des biens dotaux, au moment de la constitution de la dot, doit régir ces mêmes biens pendant toute la durée du mariage. Toutefois, si une femme mariée sous une constitution de biens présents et à venir, avait recueilli des immeubles depuis la promulgation du Code, la loi du domicile matrimonial devrait seule être suivie pour fixer la qualité de ces biens. C'est nécessairement à la disposition de cette dernière loi qu'il faut s'en référer quand les biens sont entrés dans le patrimoine de la femme, à une époque où les anciens statuts avaient été abrogés, et où ils étaient tombés en désuétude. Dès lors ces biens seraient aliénables ou inaliénables, non suivant ce qu'ils auraient été si la loi de leur situation eût continué à être appliquée, mais selon les dispositions de la loi ou de la coutume du lieu où le mari était domicilié à l'époque du mariage.

A l'égard de la dot mobilière, comme elle ne pouvait avoir d'assiette fixe et distincte, elle était censée suivre le domicile

[1] Dalloz, 31, 1, 131.

du mari ; d'où il résulte que, si les principes ci-dessus exposés eussent été appliqués aux choses mobilières, il eût dépendu du mari, en opérant une translation de domicile après le mariage célébré, de porter d'incessantes atteintes à l'immutabilité du pacte nuptial, contre laquelle les stipulations les plus formelles n'auraient eu aucune force, et de rendre à son gré aliénable ou inaliénable la dot mobilière durant le mariage. Frappés de cet inconvénient, les auteurs décidaient pour la plupart que la dot mobilière n'était pas susceptible de recevoir l'application des lois de statut réel. La seule loi qu'il faudrait encore consulter pour régler le sort des actes de dispositions consenties sur cette partie de la dot, en quelque lieu et à quelque époque qu'ils eussent été passés, serait celle du domicile matrimonial [1].

[1] V. M. Tessier, *de la dot*, t. I, n° 79. Troplong, t. IV, p. 317. Roussilhe, *de la dot*, t. I, n° 575 et s.

DROIT FRANÇAIS.

La France ancienne se trouvait au moment de la rédaction du Code partagée, quant au mariage, entre deux grands systèmes. Régime de la communauté dans les pays de coutume, régime dotal dans le pays de droit écrit. Nous n'avons pas à nous prononcer entre ces deux régimes ; aussi, laissant de côté notre sympathie naturelle pour le premier genre d'association, qui nous paraît plus conforme à la dignité du mariage, à l'union des époux, à l'intérêt général de la société, nous nous efforcerons dans les graves questions sur lesquelles nous aurons à prendre parti, de juger, sans parti pris, d'après les textes mêmes de notre Code et l'intention présumée de notre législateur. D'ailleurs, tout en étant convaincu de la supériorité du régime le plus usuel en France, nous reconnaissons les avantages de l'institution de la dot et nous ne pouvons nous associer à cette pensée de Pasquier, citée par M. Troplong dans sa préface sur le contrat de mariage :

« Interrogez ceux qui sont nourris au pays de droit écrit,
» ils vous diront que la séparation de biens est, sans compa-
» raison, meilleure que la communauté, et ceux du pays de
» coutume donneront leur avis en faveur de la communauté
» de biens ; tant a de tyrannie sur nous un long et ancien
» usage[1]. » Au lieu d'accuser la tyrannie de l'usage, ne

[1] *Recherch.*, l. 4, p. 500.

serait-il pas plus vrai de voir dans cette divergence d'opinion entre le nord et le sud de la France, un effet de la diversité des mœurs et des besoins ? N'est-ce pas l'expérience, cette grande maîtresse des affaires humaines, *summa rerum magistra*, qui a fait adopter à chacun de ces pays des institutions différentes ?

Quoi qu'il en soit, lorsque le Gouvernement chargea des commissaires de rédiger le premier projet de Code, le rapporteur, M. Portalis, sans tenir compte des habitudes du pays de droit écrit, ne parlait pas du régime dotal. Il s'éleva contre cette omission des réclamations si vives, qu'un nouveau projet de loi fut présenté au Conseil d'Etat le 6 vendémiaire an XII[1]. On y permettait aux époux de stipuler la dotalité totale ou partielle de leurs biens, mais on y proscrivait avec soin le principe de la loi Julia, fondement réel du régime dotal. L'art. 138 contenait « que les immeubles constitués en » dot ne sont point inaliénables, et que toute convention » contraire est nulle. »

Les partisans du régime dotal critiquèrent vivement cette nouvelle rédaction ; loin d'être satisfaits de cette concession plus apparente que réelle, ils réclamèrent la consécration formelle du principe d'inaliénabilité et obtinrent que l'art. 138 précité fût transformé comme nous le trouvons sous le n° 1554 du Code actuel.

QUESTIONS PRÉLIMINAIRES.

Avec l'article 1554, nous sommes amenés à l'étude des dispositions du Code Napoléon qui réglementent l'inaliénabilité dotale ; mais avant d'examiner l'étendue de ce principe, nous

[1] Locré, t. 13, p. 122 et s.

devons vider plusieurs questions préliminaires dont l'importance pratique domine en quelque sorte notre sujet.

Et d'abord cette garantie peut-elle être efficacement stipulée dans le contrat de mariage pour des biens non soumis au
régime dotal, ou en d'autres termes, est-il permis aux époux
qui ont adopté le régime de communauté de convenir que les
immeubles propres de la femme seront inaliénables ?

Le but essentiel que le législateur s'est proposé dans la rédaction du contrat de mariage, c'est, de l'aveu unanime, d'assurer la plus entière liberté aux conventions matrimoniales. C'est
ce qu'il a eu soin de formuler de la manière la plus précise
dans le premier article qui traite du mariage : « La loi ne ré-
» git l'association conjugale quant aux biens, qu'à défaut de
» conventions spéciales que les époux peuvent faire comme
» ils les jugent à propos. » Cette faculté n'a d'autres limites
que les dispositions prohibitives de la loi elle-même ou celles
qui découlent des principes fondamentaux de l'ordre public :
« Pourvu qu'elles ne soient pas contraires aux bonnes mœurs
» et, en outre, sous les modifications qui suivent [1]. » Le législateur a édicté des règles constituant les deux régimes le plus
fréquemment adoptés dans nos mœurs ; mais il l'a fait non
pour restreindre la liberté des époux, mais pour offrir une
plus grande facilité à leur choix [2]. Il leur est permis d'emprunter de l'un et de l'autre régime les règles qui plairont à
leur intérêt comme à leur volonté et qui ne se contrediront
pas.

C'est encore ce qui est manifestement écrit dans l'art. 1497 :
« Les époux peuvent modifier la communauté légale par toute
» espèce de conventions non contraires aux articles 1387,

[1] Art. 1388, 1389, 1390.
[2] Exposé des motifs. Berlier.

» 1388 , 1389 et 1390. » Puis le législateur énumère les principales modifications qui sont en usage.

Rien ne s'oppose donc à ce que les époux, voulant concilier les avantages du régime dotal et ceux de la communauté, frappent les immeubles propres de la femme d'une clause d'inaliénabilité. En quoi peut porter atteinte à la loi et à l'ordre public, une clause que le législateur a lui-même consacrée dans le régime dotal ? Loin de se contredire , ces deux conventions ne se combinent-elles pas de telle manière qu'elles semblent plutôt se compléter l'une l'autre ?

On ne saurait objecter à ce système les intérêts des tiers, acquéreurs des biens aliénés en violation de cette clause d'inaliénabilité. Sans doute, ils ont pu être trompés et avoir à souffrir du droit de révocation qui viendrait les frapper. Mais la loi ne sanctionne-t-elle pas cet état de choses sous le régime dotal ? Qu'importe donc aux tiers que l'inaliénabilité s'applique aux immeubles dotaux ou aux propres de la femme. S'ils sont victimes de leur bonne foi, ne doivent-ils pas en accuser leur impardonnable légèreté qui les a portés à contracter avec les époux sans s'informer auparavant des termes de leur pacte nuptial dont ils peuvent facilement se procurer la communication depuis la loi du 10 juillet 1850.

La Cour de cassation, par un arrêt du 24 août 1836, s'était prononcée dans notre sens sur cette question, qui était aussi résolue de la même manière par l'unanimité des auteurs. Mais les principes sur lesquels repose notre solution viennent d'être contestés par MM. Troplong et Marcadé.

« L'inaliénabilité est une exception, dit le premier de ces
» auteurs ; elle ne peut dériver que d'une loi spéciale. Il
» n'appartient pas à l'homme de créer des biens indisponibles.
» Il est bien permis d'opter entre le régime de l'inaliénabilité
» et le régime de liberté ; mais quand on se déclare pour

» l'inaliénabilité, il faut la prendre telle que la loi l'a faite ; on
» ne saurait la transporter dans un régime qui y répugne.

» .... Si dans le régime dotal, il est une partie du patrimoine
» de la femme qui est frappée d'inaliénabilité, c'est par la
» puissance de la loi..., l'inaliénabilité est une institution du
» législateur et non une combinaison de la volonté de
» l'homme.... Or la loi ne prononce l'inaliénabilité que pour
» la dot seulement ; il faut donc, quand on prétend imprimer
» l'inaliénabilité sur une partie des biens de la femme, que
» le régime des époux soit nécessairement le régime dotal....
» Le régime dotal, qui est un régime de prohibition et de gêne,
» a pu emprunter quelque chose à la communauté, régime de
» liberté ; mais le régime de la communauté, qui vit par la
» liberté, manquerait à son essence s'il allait prendre dans le
» régime dotal des prohibitions que la loi n'a pas créées pour
» lui.... L'article 1581, à défaut d'autre texte, pourrait ser-
» vir à montrer la limite des alliances que le régime dotal
» peut faire avec la société des biens [1],.

Les considérations que nous avons exposées plus haut pour
établir notre système nous paraissent répondre victorieusement à la plupart de ces arguments. Il est en effet un principe
fondamental que ces auteurs nous semblent avoir entièrement
perdu de vue. C'est cette liberté presque sans limites des conventions matrimoniales que nous avons démontrée être l'idée
première de toute notre législation sur le contrat de mariage.
Parmi les restrictions apportées par le Code à ce principe de
liberté, en est-il une seule qui ait trait à la convention dont il
s'agit ? Loin de là, l'art. 1554 consacre spécialement le principe d'inaliénabilité, laissant à la libre volonté des époux la
faculté de l'adopter ou de le modifier comme ils le jugent

[1] Trop., *Cont. de mariage*, I, 79, 80.

convenable. Nous reconnaissons que la volonté de l'homme est impuissante à établir des catégories de biens indisponibles, mais n'est-ce pas de la loi elle-même, de cet article 1554, qu'émane cette exception aux conditions normales des mutations de propriété ? La loi exige une déclaration non équivoque pour soumettre les biens au régime dotal ; l'inaliénabilité, de même que la dotalité, ne peut résulter que d'une stipulation expresse ; mais elle doit avoir son plein effet lorsque les conventions matrimoniales sont rédigées de manière à ne laisser aucun doute sur leur interprétation. Exiger en outre que la constitution dotale ait été faite littéralement, c'est s'attacher à une vaine formule et autoriser à faire par une voie oblique et détournée ce qu'on ne permet pas aux époux de faire directement. Supposons, en effet, qu'une femme déclare se marier sous le régime dotal, qu'elle se constitue les immeubles en dot et que pour la totalité de ses meubles elle se mette en communauté. De l'aveu des auteurs dont nous combattons la doctrine, la femme peut se réserver l'administration des immeubles dotalisés, à condition que les fruits tomberont dans la communauté ; que restera-t-il alors de ce régime dotal amoindri, si ce n'est la règle même de l'aliénabilité ?

Qu'est-ce donc que ce prétendu principe d'ordre public qu'on peut éluder si facilement et par un biais que fournit la loi elle-même ? Comment l'inaliénabilité serait-elle conforme à l'ordre public sous le règne dotal, et contraire sous les autres régimes ? En quoi répugne-t-elle à l'association en communauté ? Pourquoi ne pourrait-on emprunter au régime dotal une de ses dispositions pour l'appliquer sous un autre régime matrimonial, lorsqu'on reconnaît qu'il peut lui-même emprunter aux autres régimes les dispositions que l'on juge convenables ? C'est ainsi que l'article 1581 permet de fondre la dotalité avec la société d'acquêts. Il est évident que cet article, loin de limiter les effets de cette liberté, n'est qu'un exemple de la latitude laissée aux combinaisons des époux. S'il a été spécialement mentionné, c'est que cette association était la plus usuelle dans les pays de la dotalité : écoutons à ce sujet l'orateur du Conseil d'État [1] : « Sans doute les dispositions » générales du projet de loi, sainement interprétées, eussent » été suffisantes pour établir ce droit ou cette faculté (de l'art. » 1581) ; mais le Gouvernement n'a pas cru qu'il dût en re- » fuser l'énonciation précise, réclamée par quelques contrées » de droit écrit où cette stipulation est fréquente. Cette me- » sure aura d'ailleurs le double avantage et de calmer les in- » quiétudes et de prouver formellement que nos deux régimes » ne sont pas ennemis. » Ce passage nous paraît décisif et nous regarderons comme un fait constant le droit des époux de combiner le régime de communauté avec telle disposition qu'il leur plairait de choisir dans le régime dotal.

Nous venons de critiquer la doctrine de M. Troplong, nous allons maintenant invoquer son autorité sur une question ana- logue que nous résolvons dans son sens. Il s'agit de biens aliénables à charge de remploi, et du droit de la femme d'at- taquer l'aliénation de ces biens à défaut du remploi. Nous pensons qu'une convention de ce genre n'obligerait que le mari et ne produirait aucun effet à l'égard des tiers, qui ne peuvent être responsables du défaut ou de l'insuffisance du remploi. Nous pouvons admettre sans contradiction cette dé- cision, car elle se fonde sur des raisons toutes différentes de celles qui nous ont porté à reconnaître que la clause d'inalié- nabilité peut être invoquée contre les tiers acquéreurs. Dans le dernier cas, en effet, la femme puise son droit de recours

---

[1] Exposé des motifs, Berlier, et rapport au tribunal de Durcyrier. Locré, *lég. civ*, t. 13, p. 264 et s., 301 et s.

dans le principe d'inaliénabilité, mais dans le premier, où le puiserait-elle ? La clause de remploi ne saurait remplacer celle d'inaliénabilié , puisque celle-ci, nous l'avons vu, doit être expressément stipulée et ne saurait résulter d'inductions plus ou moins éloignées « Quand les époux, dit M. Troplong, sont mariés sous le régime dotal moyennant remploi, il est certain que l'acheteur est responsable du remploi et qu'il est de son devoir de le surveiller. Mais quelle est la cause de son recours ? c'est l'inaliénabilité de la dot, car le bien de la femme, inaliénable par nature, n'aurait pu être aliéné si le contrat de mariage ne l'avait permis. Or il ne l'a permis qu'à certaines conditions ayant pour but d'adoucir les gênes de l'inaliénabilité par des garanties équivalentes. L'acheteur, à qui l'on aurait pu opposer l'inaliénabilité si elle n'eût pas été modifiée, est également garant de l'observation des conditions qui en tiennent lieu [1]. »

Et c'est bien là le point capital de la différence des effets de cette clause, suivant qu'elle est stipulée pour l'un ou pour l'autre régime. En effet, quand elle n'affecte que des biens libres, soit des paraphernaux sous le régime dotal, soit les propres de la femme sous la communauté, elle n'atteint nullement la capacité d'aliéner des époux, et les aliénations par eux consenties de ces biens doivent être respectées, parce que les acquéreurs ne se trouvent plus en présence de cette inaliénabilité, dont les entraves n'avaient été levées que sous la condition de garanties équipollentes qui devaient être fidèlement remplies.

M. Benech, dans son *Traité de l'emploi et du remploi* (p. 246), considérant que la clause de remploi n'aurait aucune utilité, si elle n'avait pas d'effet au regard des tiers,

<hr>

[1] Troplong, t. 1, p. 103.

puisque le recours de la femme existe de droit contre son mari, pense qu'il faut pour donner une sanction à cette clause, reconnaître une action en faveur de la femme contre les tiers acquéreurs. Cette objection ne nous paraît pas fondée. Quand bien même cette stipulation n'aurait aucune utilité pour la femme dénuée du droit de recours, nous pensons qu'on ne pourrait en induire les rigoureux effets attachés à l'inaliénabilité, qui ne peut d'ailleurs découler que du régime dotal ou d'une stipulation expresse. En second lieu, la clause de remploi se suffit à elle-même ; elle lie plus étroitement le mari et change en obligation ce qui n'était pour lui qu'une pure faculté. Par conséquent, sur son refus d'effectuer le remploi indiqué, la femme aura le droit de s'adresser à la justice pour obtenir un placement qui assure la conservation de ses droits. Par une autre conséquence des mêmes principes, les biens libres de la femme, quoique soumis à la garantie de remploi, peuvent être saisis par les créanciers de la femme. Décider le contraire, serait évidemment reconnaître l'inaliénabilité des biens de la femme, ce qui ne peut résulter que d'une stipulation expresse. (Art. 1392.)

MM. Demolombe[1], Pont[2] et Rodières ont défendu les mêmes idées, qui ont d'ailleurs été consacrées par trois arrêts de la Cour de cassation, rendus le 20 décembre 1841.

L'inaliénabilité de la dot ne peut jamais dater que de la célébration du mariage, puisqu'avant cette époque il n'y a pas de dot proprement dite. Cependant, il ne faut pas en induire que la femme soit libre d'aliéner indistinctement les biens compris dans sa constitution dotale, dans l'intervalle qui sépare le contrat du jour de la célébration. En Droit romain, nous

[1] *Revue crit. de jurisp.*, t. I, 12e l., p. 710.
[2] T. I, n°° 820-822. Contra. Merlin, *Quest. de Droit*, v° Remploi, § 7. Toullier, t. XII, n° 572.

avons vu que l'immeuble livré au fiancé était soumis à la prohibition de la loi Julia et ne pouvait être aliéné[1]. Sans admettre le même principe, notre Code arrive, quant au mari, à un résultat analogue, en prohibant toute altération du pacte nuptial qui serait faite à l'insu de l'un des époux ou de toute personne intéressée. C'est pour protéger les nombreux intérêts qui se rattachent au contrat de mariage, que les art. 1396 et 1397 entourent de tant de formalités les changements qui pourraient y être apportés en temps utile. C'est dans ce même but de sage précaution que l'art. 1606 décide que l'immeuble acquis par l'un des époux, dans l'intervalle qui sépare le contrat qui stipule la communauté, de la célébration du mariage, entrera dans la communauté, à moins que le sort de cette acquisition ne soit fixé par le pacte nuptial. Sous le régime dotal, la loi ne s'occupe que des dettes contractées par la femme durant le même intervalle. Elle déclare que les biens dotaux ne sauraient être affectés, quant au mari, de ces obligations. On doit conclure, par analogie de motifs, et par application non du principe d'inaliénabilité, mais des art. 1306 et 1307, à la nullité des aliénations de l'immeuble dotal, à moins que ces aliénations n'aient eu lieu du consentement de toutes les parties intéressées au contrat de mariage. Toutefois, nous n'admettons cette décision qu'avec une distinction. Le tiers qui a traité avec la femme connaissait-il le contrat de mariage, alors il ne doit évidemment tirer aucun profit d'une fraude dont il s'est rendu le complice, et l'aliénation est radicalement nulle. Mais si au contraire il était de bonne foi, son acquisition est valable, seulement le droit de jouissance du mari coexistera avec le droit de propriété du tiers, dont la position sera celle de l'acquéreur d'une nu-

[1] D. l. 4, f. d.

propriété dont l'usufruit a été aliéné sous condition suspensive. Si cette condition s'accomplit, et ici c'est le mariage lui-même qui est la condition, le droit du mari remontera jusqu'au jour du contrat nuptial, et les aliénations consenties dans l'intervalle ne peuvent y porter atteinte. Le mari qui a compté sur cet usufruit pour supporter les charges du mariage, est d'ailleurs plus digne de faveur que le tiers qui aurait à se reprocher de n'avoir pas pris des informations suffisantes sur la condition des biens qu'il voulait acquérir. Si l'acheteur a payé son prix, il ne pourra donc exercer son recours que sur les biens paraphernaux de la femme ou sur la partie du prix non dissipée par celle-ci qui aurait profité au mari, si par exemple elle était comprise dans une constitution universelle [1].

Mais allons plus loin et voyons quel sera le sort des aliénations consenties avant le contrat de mariage, mais qui n'ont acquis date certaine que depuis.

Le Code s'occupe des dettes contractées par la femme avant le contrat de mariage dans l'art. 1558, et décide qu'elles n'obligent le mari qu'autant qu'elles ont acquis date certaine antérieure au mariage. Pouvons-nous étendre cette règle aux aliénations ? Distinguons entre le cas où la femme s'est constitué généralement tous ses biens en dot, et celui où les biens aliénés rentreraient dans une constitution partielle. Dans la première hypothèse, la femme est censée ne s'être constitué que les biens qu'elle n'avait pas aliénés, et le mari n'aurait aucun motif de critiquer une aliénation dont rien n'indiquerait que la date fût supposée. Si, au contraire, les biens aliénés avaient été ensuite compris expressément dans une constitution de dot, le mari qui reçoit la dot à titre

---

[1] Pont et Rod., *Cont. de m.*, t. II, n° 489.

onéreux devrait être considéré comme un second acquéreur qui, d'après les art. 1141 et 1328 combinés, doit être préféré à un premier acquéreur dont le titre n'aurait pas acquis date certaine à l'époque de la seconde vente. La position de cet acquéreur serait moins favorable que celle du mari, car il aurait à se reprocher l'omission des mesures de précaution que le soin de ses affaires commandait.

L'inaliénabilité, comme la dotalité, ne peut résulter que d'une disposition expresse du contrat de mariage. Aussi n'est-il pas douteux que la condition de dotalité, imposée dans une donation qui aurait lieu après la célébration du mariage, serait considérée comme non écrite. (Art. 900, C. N.) Quant à la condition d'inaliénabilité, imposée dans les mêmes circonstances, la solution est la même selon nous. Toutefois, c'est une question qui peut faire doute. On a soutenu que les aliénations consenties au mépris de ce pacte devaient être annulées même au regard des tiers acquéreurs, et l'on se fonde sur le respect que l'on doit à la liberté des conventions, quand elles n'ont rien de contraire à l'ordre public. *Unicuique liberalitati suæ modum imponere licet* [1], sur la loi romaine qui permettait d'insérer cette prohibition dans tous les contrats (l. 7, C. *de rebus alienis non alienandis*), et enfin sur la différence existant entre l'inaliénabilité et la dotalité, les art. 1302 et 1843, qui exigent une stipulation expresse au contrat de mariage, ne s'appliquant qu'à la dotalité.

Nous ne discuterons pas cette dernière raison : nous avons prouvé et admis comme constant que l'inaliénabilité aussi bien que la dotalité ne pouvait résulter que d'une stipulation expresse contenue dans les conventions matrimoniales. On ne peut pas plus arguer en faveur de ce système de la loi ro-

---

[1] Duranton, t. XV, n° 300.

maine. Le Droit romain, qui admettait les substitutions fidéi-commissaires, devait à plus forte raison admettre les prohibitions temporaires d'aliénations imposées comme conditions d'une libéralité. Mais au cas où au mépris de la prohibition l'aliénation avait eu lieu, y avait-il action contre l'acquéreur? Nullement, et Cujas insiste avec force sur ce point. Qu'y avait-il donc? une simple action personnelle en faveur du donateur, si toutefois il y avait intérêt. *Donatori*, dit Cujas, *competit condictio in donatorium, in emptorem et non competit actio in rem; nec venditor habet actionem in rem adversus emptorem, et hic Græci nominatim notant alienationem jure fieri* [1]. Le tiers acquéreur ne pouvait donc jamais, en aucun cas, être poursuivi ni par le donataire ni par le vendeur. En passant au Code civil, on peut argumenter de l'art. 954 pour soutenir qu'il existe une action réelle contre les tiers acquéreurs. Ce qui est vrai ; mais il faut remarquer qu'elle ne compète pas au donataire vendeur, mais au donateur, et encore seulement lorsque la condition violée était imposée dans l'intérêt du donateur lui-même. Cela posé, si nous revenons à notre question, quel intérêt a l'auteur d'une donation faite à la femme, durant le mariage, à condition que les biens donnés ne seront pas aliénés, à ce que cette prohibition soit respectée? Si on peut lui en reconnaître un direct et personnel, alors il pourra, aux termes de l'art. 954, diriger son action soit contre le donataire, soit contre le tiers acquéreur. Mais la femme, et encore moins le mari donataire, n'aurait aucun droit de révocation à exercer vis-à-vis du tiers, puisque ce droit n'est accordé qu'au donateur seul. L'inaliénabilité existera en ce cas, il est vrai, mais elle sera bien moins énergique que l'inaliénabilité dotale,

---

[1] Récit solen. sur la loi 3, C. de reb. alien.

n'étant fondée que sur l'intérêt du donateur et non pas sur l'intérêt des époux qui est le véritable fondement du régime dotal. Mais le plus habituellement le donateur ne pourra invoquer aucun intérêt personnel. C'est ordinairement dans l'intérêt du donataire qu'est écrite la condition de ne pas aliéner ; il y a donc là bien moins une charge qu'un conseil, dénué de tout lien de droit et ne pouvant réfléchir contre les tiers acquéreurs. Admettre la doctrine contraire, ce serait un moyen sûr autant que facile d'augmenter la dot, ou même de la constituer pendant le mariage ; ce qui serait une violation indirecte des art. 1395, 1543[1]. Il faudrait décider de même, et par les mêmes motifs, de la condition de remploi qui serait imposée par la donation faite pendant le mariage à une femme mariée sous le régime dotal avec une dot limitée et restreinte.

Il est bien clair que tout ce que nous venons de dire ne s'applique qu'autant que la constitution de biens ne s'étend pas aux biens à venir. Car si elle les comprenait, les biens donnés pendant le mariage deviendraient dotaux et par suite inaliénables. La condition aurait alors son effet, non à cause de la donation, mais en vertu du principe même de la dotalité exprimée au contrat. Cette hypothèse fait naître la question inverse, celle de savoir si la donation faite sous la condition de paraphernalité, à une femme mariée sous le régime dotal, est valable. On devrait répondre négativement si l'intention du législateur était de proscrire toute modification aux conventions matrimoniales, de quelque cause qu'elle résultât. Mais il n'en est pas ainsi. Son but a été d'assurer le sort des transactions qui seraient passées sur les bases du pacte nuptial

[1] V. Zachariæ, t. III, p. 567. Rodière et Pont, t. II, p. 410. Troplong, 14, 3059. 3064.

Il est bien évident que le donateur pourrait toujours obtenir l'un des effets de la dotalité, la jouissance des biens par le mari, en donnant à celui-ci l'usufruit pour toute la durée du mariage, et la nu-propriété seulement à la femme.

et de protéger les époux contre les dissentiments et les fréquentes querelles que la faculté de le modifier ne manquerait pas de susciter entre eux. Si ces motifs n'existent pas, par exemple, si les changements sont amenés par des circonstances indépendantes de la volonté des époux, le contrat reste susceptible de modifications. Concluons donc que l'art. 1395 ne concerne pas les tiers qui, dans leurs libéralités, sont maîtres de ne consulter que leurs affections, et pour qui le contrat de mariage est, sous ce rapport, *res inter alios acta.* Par suite, nous devons considérer comme licite la condition dont il s'agit. Loin de nuire à la sécurité des tiers, l'auteur de la libéralité fournit un nouvel aliment au crédit des époux, en faisant entrer dans leur patrimoine des biens qu'il n'était pas tenu d'y mettre, et qui offrent un gage inespéré à leurs créanciers.

Nous ne voyons d'ailleurs rien dans cette condition qui soit contraire à l'ordre public, ou aux dispositions de la loi. On fait cependant à ce système une objection qui ne manque pas de gravité : Des motifs de haute moralité, dit-on, ne permettent pas d'introduire deux administrations distinctes et séparées dans une association conjugale, que le pacte fondamental a voulu constituer sous une seule et unique direction. Le contrat de mariage est violé dans une de ses conditions essentielles, puisque la dotalité a été expressément stipulée pour toutes les acquisitions futures et qu'il est de l'essence de la dot qu'elles soient remises au mari pour subvenir aux charges du ménage, et assujetties à son administration.

Ces raisons sont sérieuses; nous ne croyons pas cependant qu'il soit impossible d'y répondre. Et d'abord elles s'appliquent aussi bien au régime de communauté ou d'exclusion de communauté qu'au régime dotal, et cependant on décide généralement qu'une femme, dont tous les biens, d'après le

contrat de mariage, doivent tomber en communauté, peut recevoir un immeuble sous condition qu'il lui restera propre.
L'art. 1401, § 1, offre d'ailleurs un argument décisif au sou-
tien de cette opinion, puisqu'il reconnaît au donateur des
sommes mobilières le droit d'imposer la condition que ce mobilier n'entrera pas dans la communauté, à laquelle sans cela
il appartiendrait de droit [1]. Il n'est pas une des objections
que nous avons reproduites plus haut qui ne puisse être dirigée contre les dispositions de l'art. 1401 avec une exactitude
aussi apparente que contre la stipulation de paraphernalité sous le régime dotal. Enfin, ajoutons que bien qu'il
soit essentiel au régime dotal que le mari ait la jouissance et l'administration de la dot, il n'est pas nécessaire qu'il possède ces droits pour la totalité des revenus dotaux, puisqu'il est permis par la loi elle-même (art. 1840), de
stipuler que la femme touchera annuellement, sur ses seules
quittances, une partie de ses revenus, pour son entretien et
ses besoins personnels. Ce système nous paraît d'autant plus
conforme à l'esprit de la loi qu'il interprète plus fidèlement
l'intention présumée que les époux ont apportée à la rédaction
de leur contrat. Ils ont dû vouloir par tous les moyens légi-
times accroître la prospérité et les ressources de chacun d'eux
et de leurs enfants, et ils auraient bien assurément souscrit à
cette clause de paraphernalité, s'ils avaient pu prévoir que ces
biens, sur lesquels ils ne pouvaient compter, reviendraient à
l'un d'eux sous cette même condition. Le mari ne pourrait
s'élever contre cette clause sans manquer à l'affection qu'il
doit à sa femme et sans témoigner un égoïsme odieux. D'ailleurs, de quel droit attribuer la jouissance des revenus au
mari, que le donateur a voulu exclure de sa libéralité, comme

---

[1] Troplong, 1, 68, Cont. de mar.

le font MM. Rodiere et Pont [1] ? Aussi MM. Seriziat [2] et Delvincourt [3] adoptent-ils une opinion mixte et pensent que les revenus devraient être capitalisés au profit de la femme. Ils tranchent ainsi toutes les difficultés ; mais il est impossible de s'arrêter à l'arbitraire de ce système. Nous persistons donc dans notre opinion et nous croyons que la donation doit être maintenue dans toutes ses dispositions.

Toutefois il faut admettre un tempérament à ce principe dans le cas où les biens compris dans la libéralité se trouveraient en même temps faire partie de la réserve de la femme. Ici la loi serait plus forte que la volonté de l'homme. L'auteur du legs ou de la dotation n'était pas libre de détourner les biens de la destination légale qui leur était faite et en prévision de laquelle ont stipulé les futurs époux. Ils en étaient en quelque sorte les maîtres, suivant l'expression que le jurisconsulte Paul applique aux héritiers siens, (*Qui etiam, vivo patre, quodammodo domini existimantur.* L. 2, D. *de lib. et posthum.*) au moment où ils imprimaient le cachet de la dotalité aux acquisitions futures de la femme ; et, en l'absence d'une déclaration contraire, ils ont dû attacher toutes les conséquences de ce régime à des biens sur lesquels ils avaient déjà un droit acquis par anticipation.

Nous avons terminé l'examen des principales questions qui peuvent surgir relativement à l'inaliénabilité des diverses clauses du contrat de mariage ; nous avons à rechercher maintenant si l'inaliénabilité frappe tous les biens dotaux ou bien si l'application de ce principe n'est pas soumise à d'importantes restrictions, ou même à une grande exception, suivant les différentes natures de biens compris dans la dot.

[1] T. 2., p. 411, C. N.
[2] N° 21.
[3] Note 5 de l'art. 1401.

Nous avons vu l'historique de l'art. 1554, en voici le texte : « Les immeubles constitués en dot ne peuvent être aliénés ou hypothéqués pendant le mariage, ni par le mari, ni par la femme, ni par les deux conjointement, sauf les exceptions qui suivent. »

Quelles sont les conséquences et la portée de ce principe d'inaliénabilité, dont l'application a soulevé tant de controverses ? Point de difficulté quand il s'agit d'immeubles par nature. Quant aux droits immobiliers, nous remettrons nos explications après l'examen du point capital de notre sujet.

La garantie de l'inaliénabilité est-elle applicable à la dot mobilière ?

Avant de chercher à résoudre cette question, une des plus délicates de celles qui divisent la doctrine et la jurisprudence, nous avons à exposer rapidement les principaux points de la discussion et les divers systèmes qu'elle a fait naître.

D'après un premier système, soutenu notamment par MM. Dalloz et Tessier, on considère le mari comme un usufruitier investi des pouvoirs d'administration les plus étendus sur la dot mobilière. Les articles 587 et 1551 lui donnent bien le droit de disposer des choses fongibles ou des meubles qui lui ont été livrés sur estimation, mais il ne saurait puiser dans son titre d'administrateur de la dot le pouvoir d'aliéner les choses mobilières dont la femme s'est réservé la propriété et qu'il est tenu de restituer en nature à la dissolution du mariage, d'après les articles 1564 et 1567. Ainsi il pourra retirer des meubles dotaux toute l'utilité qu'ils peuvent procurer, à condition d'en affecter les fruits à l'entretien de la famille : il pourra recevoir le remboursement des créances échues, toucher les annuités des rentes dotales ; mais il ne pourra aliéner ni céder ces valeurs, parce que la dotalité les protège aussi bien que les immeubles. Sans doute, si le mari s'est dépouillé des meubles dotaux, les tiers acquéreurs, dont la bonne foi se présumera d'ailleurs, pourront invoquer la règle : en fait de meubles possession vaut titre ; et l'aliénation, bien que faite au mépris d'une prohibition légale, sera nécessairement maintenue lorsqu'ils auront ignoré l'origine de ces valeurs. Mais, quant aux objets incorporels que cette maxime ne concerne point et qui dès lors peuvent être saisis entre les mains des tiers acquéreurs, et quant aux objets corporels non livrés, le principe d'inaliénabilité reprend son empire et peut dès lors servir de base à une action en revendication ou au refus d'exécution de l'acte d'aliénation.

La femme ne peut évidemment pas pendant le mariage disposer en quoi que ce soit de sa dot mobilière. Son droit de propriété, quoique subsistant, se trouve paralysé par les pouvoirs et les droits du mari. Après la séparation de biens, l'inaliénabilité continue à peser sur la dot mobilière, bien que la femme soit remise à la tête de ses affaires et succède à la gestion du mari, par la raison que la dot conserve toujours sa destination, qui est de pourvoir aux nécessités et à l'avenir de la famille. Enfin la femme ne peut, dans aucun cas, renoncer aux sûretés qui garantissent la restitution de sa dot et elle ne reprend le plein exercice de ses droits qu'à la dissolution du mariage [1].

Le second système, soutenu par le plus grand nombre des auteurs et par M. Troplong, proclame l'aliénabilité absolue des immeubles dotaux, sans distinction de choses fongibles ou

---

[1] En faveur de l'inaliénabilité : Delvincourt, t. III, p. 110 ; Grenier, *des hyp.*, t. I, p. 54 ; Dalloz, *anc. rep. der edit.*, t. XIV, p. 80 ; Tessier, *de la dot*, p. 289, n° 400 ; Massé, *droit comm.*, t. III, n° 370 ; Rodier et Pont, t. II, n° 404.

non fongibles , corporelles ou incorporelles. Le mari tire ce droit de disposition, suivant les uns, de sa qualité de seigneur et maître de la dot ; suivant les autres, de sa qualité de *procurator* de la femme. D'ailleurs , pour aliéner ces biens , le mari n'est pas tenu de prendre le consentement de la femme.

Celle-ci, tant que dure le mariage , ne peut faire aucun acte qui porte atteinte au droit du mari ; mais, après le jugement de séparation de biens , elle reprend la plénitude de ses droits, soit que, suivant les uns, la propriété du mari s'éteignant , son droit de propriété naturelle puisse s'exercer librement ; soit que, suivant les autres, le mari ayant perdu son mandat, l'incapacité de la femme vienne à cesser [1].

Les partisans du premier système se sont particulièrement inspirés de l'esprit conservateur du régime dotal, dont l'objet est de sauvegarder les intérêts de la femme ; leurs adversaires ont pris surtout en considération la prospérité publique, intéressée à la circulation des valeurs mobilières ; l'impossibilité d'en empêcher le plus ordinairement la transmission et enfin l'intérêt même des époux dont le crédit est étouffé et les opérations entravées dans les liens trop étroits du régime dotal.

Entre ces deux opinions contradictoires, la Cour de cassation, par une longue suite d'arrêts, a cherché à établir un système mixte qui tend à réunir les avantages des deux autres et à en éviter les dangers.

Pour bien comprendre la théorie de la Cour suprême, il faut distinguer avec soin les arrêts relatifs à des époux se trouvant dans la position normale et ordinaire de la dotalité et ceux qui se réfèrent au cas exceptionnel d'époux dotaux entre lesquels est intervenu un jugement de séparation de biens.

---

[1] En faveur de l'aliénabilité : Caen, 24 août 1822 ; Paris, 28 mars 1820 ; Lyon, 16 juillet 1840 ; Duranton, Zacharie, Troplong, Marcadé.

Pour ce dernier cas, la jurisprudence admet l'idée de l'inaliénabilité ; mais pour le cas ordinaire d'époux dotaux non sé-
parés de biens, elle reconnaît le principe contraire. En deux
mots, droit d'aliénation chez le mari, incapacité absolue chez
la femme.

Dès la première fois que la Cour suprême fut saisie de la
question, le 1er février 1810, elle entra dans cette voie, qu'elle
n'a plus quittée. « Le mari étant seul maître de la dot mobi-
» lière, est-il dit dans cet arrêt, lui seul peut en disposer et
» ainsi la femme se trouvant dans l'heureuse impuissance
» d'aliéner elle-même directement les meubles ou deniers
» dotaux, il était inutile de lui en interdire l'aliénation. »

Cet arrêt a servi de modèle à beaucoup d'autres ; seulement
ceux-ci, sans modifier les pouvoirs attribués au mari, les font
dériver, non plus de son droit de propriété, mais de son droit
d'administration. Ainsi la Chambre des Requêtes a décidé, dans
un arrêt du 18 février 1831, que « la dot mobilière est
» inaliénable en ce sens seulement que la femme ne
» peut aliéner ni directement ni indirectement son droit
» de recours contre son mari, à raison de l'administra-
» tion de celui-ci, non plus que l'hypothèque légale , qui
» sert de garantie à ce recours ; mais que cette inaliénabi-
» lité de la dot mobilière, ainsi restreinte à la femme, laisse
» au mari le pouvoir d'en toucher les capitaux et d'en dis-
» poser, et notamment de céder les créances dotales de la
» femme, par exemple celle qui lui appartient contre le tiers
» qui a constitué la dot [1]. » (Code Nap., 1849.)

Enfin, un dernier arrêt de la Cour suprême, le dernier sur
cette matière, du 1er décembre 1851, a décidé que les pouvoirs d'administration du mari étaient assez étendus pour que

----

[1] Dalloz, 81-84.

l'aliénation des rentes dotales constituées en dot fût valable à l'égard des tiers, sauf le recours de la femme contre son mari, même au cas où l'aliénation de la rente aurait été faite *avant la séparation de biens* par la femme autorisée de son mari, et pour un prix inférieur au capital de remboursement.

Voici les motifs de cet arrêt qui témoignent de la volonté de la Cour de reconnaître le pouvoir d'aliénation du mari à l'égard de toutes les valeurs mobilières indistinctement.

« La Cour,

» Attendu que le principe de l'inaliénabilité de la dot posé » par l'art. 1551 du Code civil ne s'applique, dans les termes » mêmes de cet article, qu'aux seuls immeubles et que son » extension indéfinie aux meubles constitués en dot ne saurait » se concilier avec les dispositions du Code qui confèrent au » mari l'administration de la dot mobilière et qui même en » certains cas lui en attribuent la propriété ;

» Attendu dès lors que les conséquences de la dotalité, en » ce qui concerne les valeurs mobilières, se restreignent né- » cessairement à l'impossibilité pour la femme d'aliéner même » avec le consentement de son mari les garanties hypothécai- » res que les dispositions de la loi et notamment l'art. 2138 » lui accordent pour la conservation de la dot ;

» Attendu que la loi n'autorise à cet égard aucune distinc- » tion entre les meubles corporels et les meubles incorporels, » non plus qu'entre les capitaux et les créances à termes et » les rentes constituées, lesquels sont formellement déclarés » meubles par l'art. 529 du Code civil ;

» Attendu que l'aliénation de la rente dotale faite directe- » ment par le mari étant ainsi reconnue licite et valable à l'é- » gard des tiers, sauf le recours hypothécaire de la femme » contre son mari, il doit en être de même de l'aliénation » faite, comme dans notre espèce, par la femme personnelle-

» ment avec l'autorisation de son mari, aucune disposition de
» la loi ne s'opposant à ce que la femme puisse faire régulière-
» ment avec le concours de son mari, ce que celui-ci aurait
» pu faire seul ;

» Attendu que si la perte éprouvée lors de l'aliénation sur
» le capital nominal de la rente, peut devenir le motif d'une
» action en responsabilité de la femme contre le mari, au
» moment de la liquidation de leurs droits, elle ne saurait
» avoir aucune influence sur la validité de l'aliénation elle-
» même à l'égard des tiers, etc. Rejette le pourvoi, dirigé
» contre un arrêt de la Cour de Caen, du 31 juillet 1848 [1]. »

L'inaliénabilité de la dot mobilière telle que la reconnaît la
jurisprudence, consiste donc, tant que dure l'administration
du mari, dans l'impossibilité pour la femme de perdre son hypothèque légale [2].

Pour terminer l'exposition de cette théorie, il nous reste à
parler de la capacité de la femme séparée de biens à l'égard
de la dot mobilière après qu'elle en a reçu la gestion. La jurisprudence reconnaît bien à la femme séparée le droit de
toucher ses revenus, de recevoir ses capitaux dotaux, mais
lui interdit de s'en dépouiller par un mode quelconque d'a-
liénation, de les transmettre soit par vente, soit par cession
d'hypothèque, de transiger sur la dot mobilière et de compenser ce qu'elle doit avec ses créances dotales [3]. La raison
de cette indisponibilité des biens est qu'à ce moment la con-

[1] Dev., 1851, 1, 808.

[2] C'est ainsi qu'un arrêt du 26 mai 1836 a jugé que la femme ne peut ni subroger les créanciers de son mari, dans le bénéfice de l'hypothèque légale qui garantit la restitution de sa dot, encore qu'elle se fût réservé le droit d'aliéner les
immeubles dotaux, et un autre arrêt, du 14 novembre 1840, a décidé qu'elle ne
pouvait renoncer au bordereau de collocation qui lui a été délivré sur le prix des
immeubles de son mari, pour le remboursement de sa dot mobilière.

[3] Arrêt, 7 fév. 1843. Devel., 43, 1, 282.

servation de la dot n'est plus garantie par un recours hypothécaire sur les immeubles du mari.

Nous avons vu parmi les motifs de l'arrêt de 1831 que : « rien ne s'oppose à ce que la femme puisse faire régulière-« ment avec le concours de son mari ce que celui-ci aurait « pu faire seul » et que par suite la femme pouvait aliéner ses meubles dotaux avec l'autorisation de son mari. C'est donc à tort que M. Troplong prête à la jurisprudence l'opinion contraire. Le savant auteur appuie son assertion sur l'arrêt du 1er février 1810, qui déclare nulle une obligation consentie solidairement par le mari et la femme ; la raison de décider ainsi ne se trouve pas dans l'incapacité de la femme et dans une contradiction entre les différents arrêts, mais bien dans le principe général posé par la Cour de cassation, à savoir que la femme ne peut perdre son recours hypothécaire contre son mari. Et en effet, dans l'espèce, c'est ce dont la femme était menacée, puisque les créanciers voulaient procéder à l'exécution sur les biens dotaux après le jugement de séparation, à un moment où les droits de la femme avaient été liquidés.

En présence de ces divergences, quel parti prendre et à quel système se rallier ?

Le principal argument des partisans de l'inaliénabilité consiste à dire que la dot mobilière était inaliénable dans l'ancien Droit, et que le Code, sur les réclamations des pays de droit écrit, ayant voulu, non pas innover, mais adopter les anciens principes, il en doit dès-lors être de même aujourd'hui. A l'appui de leur opinion, ils citent les discussions au Conseil d'Etat, notamment les rapports des orateurs du Tribunat MM. Duveyrier et Siméon [1]. « L'inaliénabilité de la dot, mo-« difiée par les causes qui en rendent l'aliénation juste et né-

----

[1] Locré, *leg. civ.*, t. 13, p. 386.

» cessaire et que la loi exprime, a l'avantage d'empêcher
» qu'un mari dissipateur ne consomme le patrimoine naturel
» de ses enfants ; qu'une femme faible ne donne à des em-
» prunts ou à des ventes un consentement que l'autorité ma-
» ritale obtient presque toujours, même des femmes qui ont
» un caractère et un courage au-dessus du commun.

» L'inaliénabilité de la dot a tous les avantages des subs-
» titutions sans aucun des inconvénients qui les ont fait pros-
» crire ; elle conserve les biens dans les familles sans en em-
» pêcher trop longtemps la disposition et le commerce ; sans
» gêner l'administration du mari, elle oppose une barrière
» salutaire à ses abus. »

Ces raisons s'appliquent aussi bien à l'inaliénabilité des
meubles qu'à celle des immeubles dotaux. Pourquoi donc faire
distinction entre ces deux sortes de biens ?

Les art. 1555 et 1556 se servent du mot biens dotaux,
qui semble comprendre les meubles et les immeubles. C'est
ainsi que l'expression fonds dotal, qui n'est employée que dans
l'art. 1560, peut s'entendre non seulement d'un fonds de
terre, mais encore d'un fonds d'argent, d'un fonds de mobilier, d'un fonds de succession.

L'art. 83 du Code de procédure exige que toutes les causes
intéressant la dot de la femme soient communiquées au ministère public. Il résulte de cette disposition, combinée avec
celle de l'art. 1004 [1], que la dot ne peut être l'objet d'un
compromis, et que par conséquent elle ne peut être aliénée,
puisque d'après l'art. 1003 on ne peut compromettre que sur
les biens dont on a la libre disposition.

D'après l'art. 1562 C. N., le mari est assimilé à l'usufruitier et assujéti aux mêmes obligations ; d'après l'art. 1564,

[1] Procédure civile.

Il est tenu de restituer sans délai, après la dissolution du mariage, la dot mobilière dont la propriété est restée à la femme. Il est donc soumis à la loi générale et sacrée de la propriété : *Id quod nostrum est, sine facto nostro ad alium transferri non potest.* Et il faudrait une disposition formelle pour lui conférer un pouvoir d'aliénation, comme le fait la loi dans l'art. 1422, 2e alinéa, sur les effets mobiliers de la communauté.

Il est vrai que l'art. 1554 ne parle que des immeubles dotaux ; mais le même principe résulte virtuellement de la dotalité à laquelle sont soumises les choses mobilières. Il se déduit de l'art. 1541 combiné avec l'art. 1398, qui doit rendre communes aux meubles dotaux, autant que le comporte leur nature, les règles édictées principalement pour les immeubles, et ne permet pas au mari plus qu'à la femme de les détourner de la destination à laquelle ils sont affectés. Dotal, dans cet article, est synonyme d'inaliénable ; c'est ce que prouve la disposition de l'art. 1553, qui déclare que l'immeuble acquis des deniers dotaux, n'est pas dotal, ce qui signifie n'est pas inaliénable. Enfin, un dernier argument contre le pouvoir du mari se trouve dans la nature même du régime dotal, dans l'intention présumable des époux qui l'ont adopté, dans le but que se sont proposé les deux familles. L'esprit de la loi et du contrat de mariage est de conserver la dot à la femme et aux enfants. L'objet de la constitution dotale est d'empêcher la dissipation de la dot, d'assujétir les revenus aux charges du mariage. Le régime dotal est établi pour la femme qui n'a que des meubles comme pour celle qui n'a que des immeubles. Or, qu'est-ce que la dotalité sans l'inaliénabilité ? Pourquoi la femme qui n'a apporté que des meubles incorporels ne serait-elle pas protégée contre la dissipation du mari ? On croit répondre à ces considérations en invoquant la responsabilité du mari et l'hypothèque légale de la femme sur ses biens, mais que deviendra le recours de la femme si le mari n'a pas d'immeubles? Il faudra donc que la femme reste exposée à une ruine complète et irréparable, et cela dans un temps où d'un côté un esprit aventureux d'entreprises et la soif des spéculations ébranlent les fortunes les mieux assises, et où d'un autre côté la richesse mobilière croissant chaque jour dépasse de plus en plus la propriété foncière.

Nous ne pouvons dissimuler tout ce que ces considérations ont de spécieux. Toutefois nous croyons ce système trop contraire aux textes du Code, à son esprit, aux intentions du législateur, trop destructif de toute bonne foi, trop nuisible à l'intérêt public, trop fécond en procès, et enfin trop dangereux pour les intérêts mêmes de la femme que l'on prétend protéger, pour qu'il nous soit possible de l'admettre.

Je cite à ce sujet M. Troplong :

« On a parfaitement compris que la nécessité de donner » une garantie aux femmes ne pouvait pas aller jusqu'à enlacer dans une immobilité artificielle et fatale pour le commerce quotidien de la vie, des choses dont la nature est » mobile et qui tirent leur principale utilité de leur facilité à » s'échanger. La femme elle-même seroit lésée dans ses intérêts si, aujourd'hui que la richesse mobilière a acquis un si » grand développement, où tant de femmes sont dotées avec » des rentes sur l'État, des actions dans les chemins de fer, etc., » un mari prévoyant ne pouvait prévenir une baisse en les » aliénant quand elles sont en hausse. Au surplus, si les femmes trouvent que ce droit de disposition du mari est exorbitant, elles peuvent s'en garantir par des clauses d'emploi... »

Ces considérations du savant auteur sont fort sages ; mais en admettant même que l'intérêt bien entendu de la femme soit placé plutôt dans la garantie de l'inaliénabilité que dans les facilités de gestion offertes par le système contraire, ne doit-on pas après tout s'arrêter devant l'intérêt public ? La loi, pour favoriser la femme, a mis des biens privés sur la même ligne que les biens du domaine public ; elle a rendu les immeubles dotaux inaliénables et imprescriptibles, privilège exorbitant dont ne jouissent ni les biens des communes ni ceux de l'Etat lui-même ; elle lui a accordé un recours privilégié sur tous les biens du mari, n'est-ce pas assez ? S'il ne faut pas restreindre le principe, on doit encore moins chercher à l'exagérer. Quoi de plus funeste pour la prospérité publique, pour le progrès, le commerce et l'industrie que cette espèce d'amortissement frappant les valeurs qui par leur nature même sont destinées à la circulation ?

D'ailleurs, qui ne connaît l'ancien adage : *Vilis mobilium possessio ?* et l'influence qu'il a exercé sur la rédaction de nos lois. Pour n'en rappeler qu'un des exemples, je ne citerai que celui du mari marié en communauté ne pouvant pas disposer à titre gratuit des immeubles communs, tandis qu'il peut faire les donations mobilières les plus considérables. Ce mépris de la fortune mobilière n'est pas juste, aussi trouvons-nous des raisons plus sérieuses de la distinction existant entre les deux classes de biens dans le régime dotal. Les immeubles se conservent, s'améliorent et augmentent de valeur ; les meubles tendent à dépérir et ne trouvent un emploi avantageux que par une transmission rapide et des transformations successives.

Mais laissons de côté ces considérations générales ; sans doute, nous sommes portés à croire le système de l'aliénabilité préférable à tous les points de vue, mais là n'est pas la question. Bon ou mauvais, c'est le système du Code que nous devons rechercher et embrasser. Revenons donc aux objections de nos adversaires et abordons les textes. Le principal argument des partisans du régime de l'inaliénabilité, nous l'avons dit, repose sur l'ancien droit dont les traditions auraient été suivies par notre législateur.

À ce sujet, il suffit de nous en rapporter à ce que nous avons dit plus haut sur le Droit romain, où nous avons conclu que le principe de la loi Julia ne s'était jamais appliqué qu'à l'immeuble dotal, et nous avons cité à l'appui de cette opinion la presque universalité des commentateurs. Nous avons vu aussi que si quelques Parlements avaient étendu aux meubles le privilège de l'inaliénabilité, d'autres étaient restés fidèles aux traditions romaines, en sorte que l'on doit décider qu'il n'y avait pas jurisprudence uniforme sur cette question. Domat remarque même comme une singularité, que dans quelques pays les meubles dotaux ne pouvaient être aliénés[1]. Non seulement les Parlements n'admettaient pas tous, pour les pays de droit écrit, le principe de l'inaliénabilité des meubles, mais dans les Parlements mêmes où ce principe triomphait, le droit n'était pas uniforme et présentait une foule de dissidences et de contradictions. Les effets de la dotalité étaient plus ou moins rigoureux, suivant qu'il s'agissait de la femme ou du mari. Ils variaient d'étendue dans le ressort de chaque coutume. Tantôt la dot était aliénable sous certaines conditions, tantôt la disposition en était prohibée d'une manière absolue. Comment donc le Code a-t-il voulu importer dans notre législation moderne, si claire et si précise, une jurisprudence contradictoire, indécise, et sans homogénéité? Le Code, suivant la doctrine que nous combattons, n'aurait pas réglé la condition de la dot mobilière,

---

[1] N° 13, sect. I, t. IX. Il faut remarquer qu'en quelques *provinces*, la femme ne pouvait pas même s'obliger avec l'autorité de son mari : ce qui lui conserve sa dot entière, soit mobilière, soit immobilière.

pàrce que, dans l'impossibilité de prévoir tous les cas qui pourraient se présenter, il a voulu laisser à la jurisprudence le soin de tirer les conséquences du principe d'inaliénabilité. Qu'en résulte-t-il ? Que chacun emprunte à l'ancien Droit les règles qui sont à sa convenance, repousse les autres et se forge un régime arbitraire. Et c'est pourquoi, parmi les partisans de l'inaliénabilité de la dot mobilière, il existe autant de systèmes que d'auteurs.

D'ailleurs, quand bien même l'ancienne jurisprudence aurait été unanime et uniforme, sur la question qui nous occupe, dans le sens de nos adversaires, nous n'aurions qu'à rappeler la loi du 30 ventôse an XII, abrogeant les anciennes coutumes et les anciens usages, pour établir que l'ancienne législation n'est plus pour nous qu'une lettre morte. Il est vrai que pour la faire revivre on cherche à s'appuyer tant sur les travaux préparatoires du Code que sur les textes mêmes. Mais la discussion qui eut lieu dans le sein du Conseil d'Etat, au moment de la présentation du projet, prouve clairement qu'il n'est pas entré dans la pensée des rédacteurs du Code de faire participer les meubles aux mêmes privilèges que le fonds dotal. Le débat se résuma tout entier sur l'art. 138 du projet, qui déclarait que les immeubles dotaux n'étaient point inaliénables et que toute stipulation contraire était nulle. Sans doute, sur les observations de M. Portalis, les esprits consentirent à revenir sur un projet si manifestement hostile aux coutumes des pays écrits, et à admettre le principe d'inaliénabilité en faveur des immeubles ; mais jamais dans la discussion le mot meubles ne fut prononcé ; jamais on n'eût osé proposer de leur appliquer un privilège qu'on avait eu beaucoup de peine à obtenir pour les immeubles.

C'est de cette discussion qu'est sorti l'art. 1554, qui est la clef de voûte du régime dotal et où le principe de l'inaliénabilité a reçu sa consécration. Cet article est formel, il ne parle que des immeubles constitués en dot, et nous ne pouvons nous empêcher d'appliquer ici le précepte : *Qui dicit de uno, negat de altero*, quand surtout cette interprétation est conforme au sens général du chapitre. La rubrique même de notre section déclare s'occuper des droits du mari sur les biens dotaux et de *l'inaliénabilité du fonds dotal*, expression qui tire une grande signification de sa position même. Les art. 1557, 1558, 1559 et 1560 ne parlent également que de l'immeuble dotal ou du fonds dotal ; il est vrai que dans les art 1555 et 1566 le législateur parle des biens dotaux, mais comment les adversaires peuvent-ils en tirer un argument en leur faveur, puisque c'est à bon droit, dans notre système, que ces termes généraux ont été employés dans ces articles, où il s'agit de régler la capacité de la femme et les droits du mari à la jouissance tant sur les immeubles que sur les meubles. On sait, en effet, que sous le régime dotal comme sous le régime de la communauté, la femme est aussi incapable d'aliéner ses meubles que ses immeubles sans l'autorisation de son mari. Les articles précités renferment une dérogation expresse à son incapacité. D'ailleurs, le but de ces articles est de restreindre la prohibition établie par l'art. 1554; comment donc y voir une extension de cette même prohibition ? Prétendre que des dispositions qui s'annoncent comme des dérogations, sont au contraire faites en vue d'étendre le principe d'inaliénabilité et de constituer une règle nouvelle, est, ce me semble, contraire à toute logique.

Mais admettons un instant que le principe de l'inaliénabilité des meubles soit renfermé dans l'art. 1554. Qu'arrive-t-il alors ? L'art. 1558, qui renferme les exceptions au principe d'inaliénabilité, ne s'occupant que des immeubles, les meubles, par une conséquence rigoureuse, ne sauraient jamais être aliénés, même dans ces circonstances ; et alors il faut conclure avec le Tribunal de la Seine, que des époux voulant, pour payer les dettes de la femme, vendre des actions de la Banque de France, ne peuvent le faire parce que ces actions étant mobilières, la vente en est impossible, car « la faculté » d'aliéner dans certains cas étant purement relative aux » immeubles, et ne pouvant pas dès lors être étendue aux » meubles dans un régime où tout est de droit étroit, » etc. [1]. » Ce n'est pas tout. S'il était vrai que les meubles dotaux se trouvassent compris sous le principe de l'inaliénabilité, ce n'est pas seulement l'exception de l'art. 1558 qui leur serait inapplicable, mais encore celle de l'art. 1557, puisque cet article ne parle encore que des immeubles. Ainsi on arrive à décider qu'il est défendu à la femme de se réserver dans son contrat de mariage le droit d'aliéner ses meubles.

En voilà assez pour démontrer les résultats absurdes auxquels conduit ce système. Examinons les arguments de texte sur lesquels il se fonde. On invoque en sa faveur l'art. 1541 : « Tout ce que la femme se constitue, ou qui lui est donné en » contrat de mariage, est dotal.... » Or, que serait, dit-on, la dotalité, sans l'inaliénabilité, si la femme ne possédait que des meubles ? Nous répondrons que la femme se trouvera alors dans la même position que si, n'ayant que des immeubles, elle s'était réservé par son contrat de mariage la faculté de les aliéner. Dans ce second cas, la dot sera aliénable, et cependant la femme, de l'aveu de tous les auteurs, se trouverait mariée sous le régime dotal et les immeubles n'en seraient pas moins dotaux. L'inaliénabilité n'est donc pas un des caractères essentiels de la dotalité. Pourquoi n'admettrait-on pas la même solution au premier cas ? Et que l'on ne dise pas

[1] 23 août 1840. Dev, 50, 2, 99.

que l'art. 1841 est alors inutile, que le caractère de dotalité affectant les meubles ne produisant aucun effet est, comme non avenu, car la constitution de dot empêche les meubles d'être paraphernaux, elle en donne l'administration et la jouissance au mari.

Nous avons vu qu'on raisonnait encore en faveur de l'inaliénabilité mobilière par la combinaison de l'art. 1841 avec les art. 1398 et 1843, qui prohibent toute augmentation de la dot après la célébration du mariage. Mais cet argument ne peut faire avancer la question d'un seul pas, car, suivant nous, la dot dont veut parler le législateur, c'est la dot inaliénable et non pas la dot prise dans un sens général. Sans doute, l'apport de la femme sous tous les régimes ne doit recevoir aucun changement durant le mariage ; mais quand il s'agit des tiers, on doit restreindre les effets de cette prohibition à ce qu'elle présente de raisonnable et ne l'appliquer, en conséquence, qu'autant que l'augmentation de dot présente des dangers. Il n'existe pas de raison pour réputer illicite la disposition par laquelle un tiers donnerait la propriété d'un immeuble à la femme et la jouissance du même immeuble au mari, sous la condition que les fruits devraient être employés pour les besoins du ménage. La rigueur de l'opinion contraire ne se comprendrait que si le privilège accordé par Justinien à la femme, pour la répétition de sa dot, n'avait pas été abrogé par l'art. 1872. Mais en admettant que toute augmentation de la dot soit défendue pendant le mariage, et que la loi répute nulle toute donation immobilière faite *constante matrimonio*, lors même que les immeubles auraient été affranchis de l'inaliénabilité par le donateur, on est alors forcé de reconnaître que la disposition des art. 1398 et 1843 n'a rien de commun avec le principe d'inaliénabilité et ne peut s'expliquer que par cette considération d'intérêt social qu'il ne faut point augmenter la masse des biens soustraits à la circulation. Par conséquent, nos adversaires ne peuvent, dans aucun cas, invoquer en faveur de leur opinion les dispositions de ces articles.

Quant à l'objection de l'art. 83, Code de procédure, elle se fonde encore sur l'emploi de l'expression générale dot : « Seront communiquées au procureur impérial les causes suivantes :... 6° les causes des femmes même autorisées, lorsqu'il s'agit de leur dot, et qu'elles sont mariées sous le régime dotal. » L'article ne parle évidemment que des causes intéressant la partie de la dot dont on ne peut disposer, c'est-à-dire de la dot immobilière, la seule, selon nous, qui jouisse du privilège de l'inaliénabilité C'est ce qu'il est facile de démontrer, en prenant le cas d'une femme plaidant en revendication d'un immeuble dotal stipulé aliénable dans le contrat de mariage. Il est clair qu'alors les motifs de l'art. 83 ne s'appliquant plus, la communication au ministère public ne sera pas nécessaire, bien que le texte puisse sembler l'exiger.

En effet, l'intervention du ministère public est commandée par la loi, dans la crainte que les époux ne fassent indirectement et sous la couleur d'un procès une aliénation qui leur est interdite, mais elle devient inutile dans l'espèce, puisque les époux peuvent, d'après l'art. 1557, légalement et ouvertement aliéner l'immeuble dotal.

Enfin, avant d'en finir avec ces arguments de texte, nous ferons remarquer que la suspension de prescription existant pour les immeubles, n'a pas été étendue aux valeurs mobilières dotales. Comment expliquer cette omission, quand on considère combien la prescription est plus facile et plus dangereuse pour les meubles que pour les immeubles? En effet, si le législateur a voulu adopter pour la dot mobilière les principes rigou reux de certains pays de droit écrit, pourquoi n'a-t-il pas, à leur exemple, fait marcher de front l'imprescriptibilité et l'inaliénabilité? Nous avons vu, en effet, que dans les pays où la dot mobilière était réputée inaliénable, la prescription était suspendue en faveur de la femme pendant le mariage, ou du moins n'avait lieu d'une manière définitive à l'égard des meubles dotaux que dans le cas où le mari était solvable au moment de la restitution de la dot.

Nous n'hésitons donc pas à déclarer la dot mobilière aliénable dans notre droit français et en cela nous sommes au fond d'accord avec la jurisprudence, quoique la Cour de cassation proclame en parole le principe contraire. Nous avons vu en effet que dans tous ses arrêts, elle déclare que le mari a la libre disposition des meubles dotaux en qualité d'administrateur, et en ce qui dépasse les pouvoirs d'administrateur, du droit de toucher les deniers dotaux, elle conclut à celui d'aliéner les créances et les rentes dotales.

Le principe d'inaliénabilité tel que l'entend la Cour de cassation, la conduit à dire que la dot mobilière est indisponible, en ce sens que la femme ne peut l'aliéner, même indirectement. Ainsi elle ne saurait aliéner son hypothèque légale même avec le concours de son mari. M. Troplong qui combat la jurisprudence sur cette matière nous dit cependant : « J'accorde que la femme ne peut renoncer à » son hypothèque légale sur les biens de son mari, qu'elle » ne peut la céder à ses propres créanciers, pendant le » mariage, au préjudice de sa dot. Mais pourquoi cette » concession? C'est que l'hypothèque légale de la femme » est un droit immobilier qui, d'après l'article 1554, » est inaliénable, en ce sens que la femme ne saurait s'en » priver au préjudice de ses droits dotaux. L'hypothè-

» que est un *jus in re*, un démembrement de la propriété :
» c'est un immeuble, les immeubles dotaux sont inalié-
» nables [1]. »

Cette opinion du savant auteur, qui se comprendrait chez un partisan de l'inaliénabilité, est peu logique chez lui. Car si la défense d'aliéner imposée à la femme n'a pas sa source dans l'indisponibilité de la dot, mais seulement dans le respect dû aux pouvoirs du mari, pourquoi ne suffirait-il pas de l'autorisation de celui-ci pour légitimer la cession par la femme de son hypothèque légale. La raison qu'il en donne est mauvaise : sans doute l'hypothèque est un *jus in re*, mais [2] M. Troplong lui-même a reconnu souvent que l'hypothèque attachée à une créance n'en change pas la nature mobilière. Le créancier qui peut céder la créance ou en faire remise a le même pouvoir sur l'hypothèque, qui n'en est que l'accessoire. En effet, considérée au point de vue actif, c'est-à-dire entre les mains du créancier, l'hypotèque, qui n'a pas d'existence par elle-même, n'est que l'accessoire d'une créance dont elle emprunte la nature ; elle constitue donc un droit réel mobilier quand elle est établie pour la sûreté d'une créance mobilière, et on ne saurait par conséquent lui faire application de l'article 1554.

C'est surtout à l'égard de la femme séparée de biens, que la théorie de la Cour de cassation se trouve le plus en opposition avec le système que nous défendons. Dès lors elle interdit d'une manière absolue à la femme toute disposition de la dot. Cette jurisprudence a été inspirée par les idées de protection accordée à la femme. Du moment où la séparation est judiciairement prononcée, le recours hypothécaire de la femme sur les immeubles du mari s'évanouit et la femme se trouve livrée à

---

[1] *Cont. de mar.*, t. 4, n° 3265 bis.
[2] *Hyp.*, t. 2, n° 758.

sa propre faiblesse et libre de dissiper ou de perdre les biens qu'elle devrait conserver pour sa famille. (*Ne sexus mulieribis fragilitas in perniciem earum vertatur.*) Ces raisons étaient plausibles; elles ont entraîné la Cour suprême. Mais n'est-ce pas là de sa part un acte de législation plutôt que d'interprétation de la loi ? Où est le texte de loi sur lequel se fonde cette doctrine ? Elle n'invoque à l'appui de sa décision que l'ancienne jurisprudence, qui ne permettait pas à la femme de disposer de sa dot. Il est vrai que certains Parlements, tout en admettant l'inaliénabilité des meubles dotaux de la part du mari, se défiaient de la fragilité de la femme et ne lui restituaient sa dot qu'avec certaines précautions. Mais alors ils lui imposaient la condition d'emploi ou de bail à caution [1]. (Voir ce que nous avons dit de la jurisprudence des Parlements de Bordeaux et de Toulouse , *supra*.) Pourquoi la Cour de cassation n'en agit-elle pas de même ? c'eût été logique, cependant. Comment concilier autrement l'incapacité de disposer avec cette liberté de recevoir reconnue à la femme ? C'est ce que des Cours plus hardies et plus conséquentes n'ont pas craint de faire, en imposant à la femme la condition d'emploi [2]. La Cour de cassation n'a pas été jusque-là ; elle a pensé que c'était, sous notre Code, une addition par trop arbitraire et par trop attentatoire à la liberté [3]. Mais sa décision sur l'incapacité de la femme l'est-elle moins ? D'ailleurs, cette jurisprudence ne peut se concilier avec les arrêts qui reconnaissent au mari le droit de disposer de la dot mobilière par vente,

---

[1] Le président Favre assurait que si une femme eût consenti à recevoir sa dot en argent dans le cas de séparation de biens pour cause de déconfiture du mari, cela eût été un motif suffisant pour qu'elle se fît restituer en entier. *Superioribus consequens est ut, sive mulier ipsa consenserit ut, constante matrimonio, dos in pecunia reddatur, non debeat ea res nocere mulieri, et potius justam præbeat causam restitutionis in integrum.* Code.

[2] Montpellier, 22 juin 1819. Dalloz, t. II, p. 330. Tessier, n° 550.

[3] Lyon, 16 juillet 1840. Devil., 41, 2, 241, 242.

cession, etc. S'il est vrai que le mari puisse aliéner comme administrateur les valeurs mobilières dotales, il s'ensuit nécessairement que la femme, qui succède à sa gestion après le jugement de séparation de bien, doit pouvoir les aliéner dans la même limite, du moment que le droit du mari, qui faisait obstacle au sien, a disparu. C'est ce que reconnaît la Cour d'appel de Paris : « Le mari a l'administration des » biens dotaux ; il peut recevoir le remboursement des capi- » taux sans être tenu de faire emploi ni de donner caution, » s'il n'y a été assujéti par le contrat de mariage. Or, par » l'effet de la séparation, la femme succède en ce point aux » droits du mari et ne peut être astreinte à d'autres prescrip- » tions [1] ». Eh bien, une fois le droit reconnu à la femme de toucher librement les capitaux, ne doit-on pas lui accorder celui d'aliéner ? Car, s'il est vrai que la réception ne soit pas une aliénation, il est incontestable que la réception des capitaux sans garantie est équipollente à l'aliénation elle-même.

Le système de la Cour de cassation, en cherchant à remédier à un inconvénient, celui de la dissipation de la dot par la femme, tombe dans d'autres dangers non moins grands. Rappelons-nous les termes mêmes d'un des arrêts les plus récents qu'elle ait rendus sur la matière, le 1er décembre 1851 : « Le principe d'inaliénabilité de la dot posé par » l'art. 1554 du Code civil, ne s'applique, dans les termes » mêmes de cet article, qu'aux seuls immeubles et d'ailleurs » son extension indéfinie aux meubles constitués en dot ne » saurait se concilier avec les dispositions du Code qui con- » fèrent au mari l'administration de la dot mobilière, et qui, » même en certains cas, lui en attribuent la propriété. » Est-ce que la femme a moins que le mari la propriété de ses

[1] Devil., 1842, I, 315 ; 1843, II, 262.

meubles dotaux ? est-ce qu'elle n'est pas subrogée par le jugement de séparation aux droits d'administration de son mari ? Comment alors le principe d'inaliénabilité se concilierait-il mieux avec son administration qu'avec celle du mari ? Les valeurs mobilières ne sont-elles pas aussi sujettes à dépérissement entre ses mains ? Si la vente de meubles improductifs, l'aliénation d'actions industrielles menacées d'une baisse prochaine, un emprunt sur gage fait à propos et dans de bonnes conditions, sont des actes de bonne administration autorisés par la jurisprudence chez le mari, pourquoi ces mêmes actes sont-ils prohibés chez la femme séparée ? Et quel crédit aura cette femme ainsi frappée d'incapacité absolue ? Qui voudra traiter avec elle ? Voilà donc où conduit ce système soi-disant protecteur de la femme ! à sa ruine. Etait-ce la peine, pour en arriver là, d'outrepasser ses pouvoirs et de créer une législation qui n'est pas celle du Code ?

Posons donc les règles que nous croyons être celles du Code Napoléon :

La dot mobilière est aliénable entre les mains du mari, soit qu'il agisse seul, soit qu'il ait le consentement de sa femme, soit que celle-ci agisse avec l'autorisation du mari.

L'aliénation faite par la femme seule avant qu'un jugement de séparation de biens soit intervenu est nulle. Cette nullité découle non de la nature des biens aliénés, mais du pouvoir d'administration absolu, confié au mari seul et auquel elle ne peut porter atteinte.

Enfin, l'aliénation sera valable si elle est faite par la femme séparée de biens. Dans ce cas, en effet, elle jouit des pouvoirs les plus étendus, puisqu'à son droit de propriété est venu se joindre le droit d'administration du mari.

Le principe que nous avons posé, à savoir que le mari seul a la libre disposition de la dot mobilière, est contesté même par les partisans du système de l'aliénabilité. M. Toullier nous dit à ce sujet : Que la femme conservant la propriété de ses meubles dotaux, il n'y a qu'elle qui puisse les aliéner, suivant la loi générale et sacrée de la propriété. *Id quod nostrum est, sine facto nostro ad alium transferri non potest*[1]. Et comme la femme ne peut vendre même les biens paraphernaux, ni paraître en jugement à raison des mêmes biens sans l'autorisation de son mari (1576), elle ne peut également vendre, sans la même autorisation, les meubles dotaux, d'autant plus que son mari en a la jouissance pendant le mariage. Ce qui revient à dire que s'il s'agit de meubles non fongibles et dont la propriété n'a pas été transférée au mari par l'estimation, l'aliénation qui en serait faite par le mari seul, serait entachée de nullité à raison de l'impossibilité où se trouve le mari, simple administrateur, de consentir aucun acte d'aliénation.

Cette opinion de Toullier est diamétralement opposée à celle de M. Troplong, que tous les auteurs ont critiquée à juste titre. Un bien qui demeurerait juridiquement la propriété de la femme en devenant la propriété du mari est une idée tout-à-fait inadmissible dans notre droit[2]. Sans doute, nous avons reconnu une double propriété de ce genre en droit romain, mais cette idée, très-conforme à l'esprit général de cette législation et qui servait à expliquer les droits exorbitants d'administration et de disposition du mari, ne saurait en aucune manière être transportée chez nous. D'ailleurs, nulle part le Code ne donne au mari le titre de propriétaire ; partout, au contraire, il l'assimile à l'usufruitier (1562) et lui en impose les obligations. L'art. 1549 ne lui confère que des droits d'administration. L'art 1551 distingue entre les objets mobi-

---

[1] L. 11, *ff. de reg. juris.*
[2] Troplong, IV, nᵒˢ 5097, 5101.

liers mis à prix par le contrat et les objets non estimés ; les uns deviennent la propriété du mari, les autres restent à la femme. La femme est si bien considérée comme seule propriétaire que, lorsque l'aliénation est permise (1555-1556), elle n'est pas faite par le mari et la femme, mais par la femme avec simple autorisation du mari. Il est donc incontestable que, malgré l'opinion du savant auteur, la dot appartient à la femme et non au mari, qui en a seulement l'administration.

Mais faut-il en conclure que les pouvoirs du mari doivent se renfermer dans les limites ordinaires du droit d'administration, qu'il ne peut sortir de ces limites sans une dérogation expresse de la loi, et que par suite il ne peut faire aucun acte d'aliénation, puisque nulle part la loi ne l'y autorise ?

« C'est par l'idée d'un mandat très-étendu, dit M. Marcadé,
» qu'il faut expliquer désormais les droits que la loi romaine
» attribuait au mari et que le Code lui conserve... Du reste,
» ce n'est là, on le voit, qu'une affaire de mots et d'exacti-
» tude de langage ; et pour ce qui est des choses, elles sont
» toujours ce qu'elles étaient à Rome. »

Nous nous rattachons à cette opinion de l'estimable auteur, et tout en repoussant l'idée de propriété de M. Troplong, nous arrivons à la même conclusion que lui et que les arrêts de la Cour de cassation. Le mari est un administrateur que l'on ne peut comparer à aucun autre ; son droit d'administration est un droit *sui generis* qui lui donne les mêmes pouvoirs qui découlaient pour lui à Rome de son droit de propriété. Nous ne pouvons admettre que notre législateur ait songé à imaginer ici un nouveau système matrimonial et nous croyons qu'il a entendu consacrer l'ancien régime dotal tel qu'il avait toujours existé. Comment expliquer autrement les dispositions de l'art. 1549 ? Le mari seul est chargé d'administrer ; seul, il a le droit de poursuivre soit les débiteurs, soit les détenteurs de la chose dotale. Possessoire, pétitoire, actions personnelles et réelles, tout cela est de son ressort. Tous les anciens auteurs s'accordaient à reconnaître que c'était là une des manifestations du droit de propriété que le mari tenait du Droit romain. Si le Code, en supprimant le principe de la propriété, en le remplaçant par un droit d'administration, a cependant maintenu ce droit d'action et de revendication, c'est qu'en changeant les mots il ne voulait rien toucher aux choses et avait l'intention de laisser au mari, sous un nom différent, un pouvoir identique. Le droit du mari d'intenter seul les actions pétitoires et possessoires relatives à la dot, est une preuve de la différence profonde et radicale qui sépare, sur le point que nous examinons, le régime dotal des autres régimes matrimoniaux.

Sous le régime de communauté, un jugement rendu avec le mari sur les propres de sa femme n'aurait pas contre celle-ci l'autorité de la chose jugée ; il faut que la femme intervienne elle-même au jugement, sans quoi elle est réputée tierce-personne. Pourquoi, au contraire, dans le régime dotal, le jugement rendu dans les mêmes conditions atteint-il la femme ? Pourquoi est-elle complètement exclue des actions pétitoires et immobilières, si ce n'est parce que son droit de propriété est absorbé pendant le mariage par le droit du mari, administrateur, armé d'un mandat légal qui lui donne des pouvoirs semblables à ceux que lui conférait la loi ancienne sous le nom de maître et seigneur de la dot ?

Un autre argument en faveur de notre opinion se tire de l'art. 1562. La prescription court contre le mari durant le mariage et en outre dans l'art. 1549 on voit que seul il a le droit de recevoir le remboursement des capitaux. Or, la prescription et le paiement sont des actes de disposition. En effet, laisser prescrire une créance c'est l'aliéner, et de même accepter le remboursement d'une créance c'est en disposer. Voilà donc des actes d'aliénation permis au mari et si ces actes sont permis, c'est que le législateur reconnaît au mari la libre disposition des créances dotales. Pour quelle raison exigerait-on le concours de la femme pour des actes analogues ?

Peut-être le système contraire eût-il été préférable, puisque, sans offrir aucun danger, il donnait à la femme le moyen de préserver une partie de son apport dotal. Mais nous tenons pour constant que telle n'est pas la volonté de la loi. Et nous déciderons par suite que les meubles dotaux peuvent être l'objet d'exécution pour dettes du mari. Tout le monde est d'accord en ce qui concerne les loyers dus par le mari. Les anciens Parlements autorisaient en ce cas le droit de poursuite sur les meubles dotaux à cause de la faveur du privilége, et actuellement la dette de loyers étant considérée comme une dette d'aliments, les dotalistes se rangent au même avis. Le principe de l'aliénabilité de la dot mobilière entraîne évidemment sa saisissabilité. C'est ainsi que le Parlement de Toulouse le décidait, et à bon droit selon nous, puisque le mari pouvant payer volontairement ses dettes avec les deniers dotaux, il doit pouvoir être contraint par autorité de justice à faire ce qu'on n'obtient pas de sa volonté. D'ailleurs, du moment que nous lui avons reconnu la propriété des créances dotales, nous ne pouvons méconnaître son droit absolu à les céder.

Des biens soumis dans notre droit à l'inaliénabilité.

Nous nous sommes promis quelques explications en ce qui concerne les droits immobiliers ; nous devons donc examiner

maintenant en quoi les dispositions de l'art. 1554 s'appliquent à ces biens. On sait que ces droits, empruntant leur
nature de l'objet même auquel ils s'appliquent, portent sur
les différents éléments dont la réunion constitue la pleine
propriété d'une chose immobilière, ou bien tendent à nous
procurer la propriété d'un immeuble. (Code Nap., 526.) Si
les uns et les autres se trouvent compris dans une constitution dotale, ils sont inaliénables comme le serait l'immeuble lui-même qui en est l'objet. Le jurisconsulte Julien avait,
comme nous l'avons déjà vu (l. 5, ff. de f. d.), déduit de l'indisponibilité du fonds dotal, la défense de l'assujétir à des
servitudes ou de laisser perdre celles qui lui étaient dues.
Non seulement le mari ne pourrait empirer en aucune manière la condition de l'immeuble dotal, mais il ne pourrait
céder les droits d'usufruit ou d'emphytéose constitués en
dot, les produits devant en être affectés périodiquement à
l'entretien du ménage. Toutefois, il puise dans ses pouvoirs
d'administrateur la faculté de les louer, en observant pour la
durée et l'époque du renouvellement des baux, les règles
tracées aux art. 1429 et 1430.

La loi Julia ne prohibait que les aliénations volontaires ;
quant à celles qui se faisaient par la puissance de la loi, le
fonds dotal y restait assujéti. *Maxime autem ea alienare lex
Julia non impedit quæ potestate juris finis* [1]. Par application du même principe, l'inaliénabilité ne ferait pas obstacle
dans notre droit à l'établissement sur le fonds dotal des servitudes qui dérivent de la situation des lieux et des rapports
de bon voisinage. Dans tous les cas où le droit de la femme
se résoudrait en indemnité pécuniaire, sa créance serait susceptible d'être atteinte par la prescription, d'après les art.

---

[1] Pothier, X, *Com. de fundo dot.* D.

1561 et 2256 C. N. Mais le fonds dotal ne peut être assujéti à ces servitudes qu'en vertu d'une invincible nécessité. Telle est, par exemple, la nécessité pour le fonds inférieur de recevoir les eaux qui découlent naturellement des fonds supérieurs. Ainsi encore, le propriétaire des fonds enclavés ne pourra exercer son droit de passage sur l'immeuble appartenant à la femme, qu'autant qu'il n'existera pas d'autre aboutissant à la voie publique, ou que cet immeuble offrira un chemin plus sûr et plus commode que les autres fonds intermédiaires [1]. L'établissement sur le fonds dotal d'une telle servitude par la convention ou par l'usage, serait compris au nombre des aliénations défendues par la loi.

Une autre classe importante de droits immobiliers, inaliénables comme les autres, sont ceux qui tendent à nous faire transférer la propriété d'un immeuble ou quelque démembrement de cette propriété. Parmi ces derniers, l'art. 526 ne mentionne que les actions qui tendent à revendiquer un immeuble. Cet article est rédigé d'une manière incomplète et inexacte. D'abord les actions ne sont pas des droits, mais la mise en exercice des droits; et ensuite, avec le droit de revendication dont il parle, il aurait dû ranger dans cette classe d'immeubles, les droits successifs, les créances immobilières, ainsi que la faculté de réméré (art. 1659), ou celle de faire annuler (1110, 1111, 1116), révoquer (953), ou rescinder (1674), l'aliénation d'un immeuble. Les immeubles par destination perdent leur nature factice dès qu'ils sont détachés du fonds dotal, les différentes questions que peut soulever leur déplacement se résolvent comme celles que nous avons

[1] Troplong, n° 5277. La Cour de Pau, par un arrêt du 11 août 1843, a jugé que l'enclave n'était une cause d'asservissement que si le chemin réclamé par le fonds dotal était *le plus court*. Sur le pourvoi, arrêt de rej. de la chambre civile du 20 juin 1847. (Aff. Soucaze, contre Lezois.)

traitées par rapport aux meubles dotaux. Mais si ces objets n'ont pas été enlevés du fonds auquel ils étaient destinés, ils jouissent comme les autres immeubles du privilége de l'art. 1554. Enfin, la règle d'inaliénabilité trouve son application dans une dernière classe d'immeubles, composée des biens incorporels, qui, bien qu'ayant pour objet de l'argent, ont été immobilisés par une faveur spéciale de la loi. Telles sont les actions de la Banque de France, les rentes sur l'État, les actions de la Compagnie des canaux d'Orléans et du Loing, qui revêtent le caractère de l'immobilité si les propriétaires ont déclaré leur volonté à cet égard dans les formes voulues et dans les cas prévus par la loi.

Le transport des rentes sur l'État est soumis à des règles particulières [1]. Si une rente immobilisée faisait partie d'une constitution dotale, nul doute que l'Administration, qui se réserve le droit d'apprécier les pièces produites à l'appui des transferts, et d'où les parties prétendent faire résulter leur capacité d'aliéner, ne s'opposât à l'aliénation de la rente [2].

La Cour de cassation a fait une application juridique du principe d'inaliénabilité aux immeubles incorporels, dans ses arrêts des 28 février 1825 et 16 mars 1829 [3]. Le premier de ces arrêts décide que le mari dont la femme s'était constitué tous ses biens en dot, n'avait pu transiger sur le supplément de légitime que cette dernière avait droit de prétendre en corps dans la succession de son père. Le second se prononce également contre la validité d'une cession des droits successifs de la femme qui s'était mariée sous une constitution de biens présents et à venir.

Toutefois, il peut arriver des cas où la rigueur du principe

[1] Loi du 28 floréal an VII ; déc. du 13 thermidor an XIII.
[2] Arrêt du Cons. d'Etat, 17 juillet 1845, Sir., 1845, 2, 600.
[3] Sirey, 1825, I. 421 ; 1829, I, 141.

doit fléchir devant la nécessité ; c'est lorsqu'il s'agit de l'aliénation d'un droit immobilier qui périrait faute d'exercice. C'est ce qui a été reconnu par un arrêt de la Cour de Riom, du 27 juillet 1828 [1], qui a consacré pour les époux la faculté de vendre un droit de réméré qu'ils étaient dans l'impossibilité d'exercer.

Voilà un cas où un droit immobilier dotal peut subir une aliénation ; il peut arriver aussi que l'immeuble dotal lui-même soit soumis à des nécessités imprévues du même genre. Dans ce cas, les immeubles reçus en remplacement ou remploi du fonds dotal aliéné, seront-ils eux-mêmes frappés de dotalité et deviendront-ils inaliénables ? Par exemple, l'art. 13 de la loi du 3 mai 1841 ordonne que le prix des immeubles dotaux expropriés pour cause d'utilité publique sera sujet au remploi. L'immeuble dotal, reçu par la femme en avancement d'hoirie, peut être rapporté à la succession de son auteur, et le partage peut ne pas le lui rendre, mais lui en en substituer un autre. Enfin les art. 1558 et 1559 énumèrent plusieurs circonstances où la règle d'inaliénabilité a dû céder à de certaines éventualités et décident que l'excédant du prix de vente, au-dessus des besoins reconnus, sera employé au profit de la femme.

Résolvant la question, nous dirons que les immeubles acquis en remplacement ou en remploi, dans le cas où ce remploi a eu lieu en vertu de causes autres que la convention matrimoniale, sont inaliénables pendant toute la durée du mariage, tandis qu'ils pourraient être successivement et indéfiniment remplacés, au gré de la volonté des époux, quand une clause de remploi aura modifié la condition d'aliénabilité stipulée dans le contrat de mariage ; et en second lieu, les

<hr>

[1] Dalloz, 26, 2, 127. *Cout. d'Auv.*, art. 3, t. 1[illegible].

débiteurs ou tiers détenteurs des deniers dotaux seront responsables du défaut ou de l'inutilité du remploi provenant de leur faute grave. Cette solution, quant à la première partie, relative au remplacement d'immeubles dotaux par d'autres immeubles, a été sanctionnée par un arrêt de la Cour de Montpellier du 11 novembre 1836. Il décide que lorsqu'une femme qui avait stipulé la dotalité de certains immeubles, à elle donnés en avancement d'hoirie par son père, a été obligée de rapporter ces biens à la succession du donateur et que par l'effet du partage elle a reçu d'autres biens dans son lot, ces autres biens prennent la place de ceux primitivement constitués et deviennent, comme eux, dotaux et inaliénables, jusqu'à concurrence de la valeur des premiers[1]. (Cass., arrêt du 5 juin 1833.)

On a opposé à notre système deux arguments principaux[2]. Le premier se fonde sur ce que la subrogation étant une fiction, ne peut exister que par la puissance de la loi ; qu'en matière de dot, un seul cas de subrogation est prévu par l'art. 1553, en vertu duquel l'immeuble acquis des deniers dotaux dont on a stipulé l'emploi est dotal et que par suite les biens acquis en remploi de fonds dotal aliéné, lorsque la clause de remploi n'a pas été insérée au contrat, n'entrent dans le patrimoine de la femme qu'à titre de paraphernaux. Le second argument s'applique spécialement au cas prévu par l'arrêt précité de la Cour de Montpellier. Si, dit-on, la femme qui a rapporté l'immeuble dotal, en recueille un autre par l'effet du partage, elle est censée, d'après le principe que le partage n'est que déclaratif de propriété, n'avoir jamais eu une dot immobilière et par suite l'immeuble obtenu en remplacement n'est pas dotal. Nous n'insisterons pas sur cette

---

[1] S., V, 53, 1, 709. 1er nov. 1836. Montpellier, S. ; V, 37, 2, 133.
[2] Tessier, *de la dot*, t. I, n° 48.

dernière objection. Qui ne sait que l'on doit bien se garder d'étendre les fictions à des espèces différentes de celles qui les ont fait introduire, et n'est-il pas évident que c'est abuser ici de la fiction de l'art. 883, admise pour d'autres besoins et qui ne peut servir à détruire le principe de l'inaliénabilité de la dot.

Nous répondrons au premier argument que sans doute la subrogation, qui n'est qu'une fiction, est, comme toutes les fictions, de droit étroit [1]; qu'elle ne peut être admise qu'en vertu des dispositions de la loi ou d'une convention expresse; mais que ce principe doit se concilier avec la règle reçue en matière de dot qu'il ne faut point faire dépendre le sort de cette dot une fois constituée des événements imprévus, comme des changements de la volonté des époux. Dans le conflit de ces deux principes, le second doit l'emporter sur le premier par suite de la faveur attachée à la dot. *Dotium causa semper et ubique præcipua est : nam et publicè interest dotes mulieribus conservari.* (L. 1, ff. solut. mat.)

D'ailleurs, l'art. 1553 n'a rien de commun avec la question qui nous occupe et c'est à tort qu'on cherche à en étayer le système que nous combattons. L'hypothèse qu'il prévoit est celle où le mari a reçu les deniers dotaux pour en disposer comme il le jugeait convenable, sauf restitution à la dissolution du mariage. Il est naturel que si les époux veulent transporter la dotalité de ces valeurs sur l'immeuble qu'elles pourraient servir à acquérir, ils s'en expliquent au moment même de la constitution de dot et il est clair que pour leur donner ce pouvoir il faut une disposition expresse du contrat, par la raison que la dot ne peut jamais changer de nature pendant le mariage en l'absence de cette stipulation, et

---

[1] Denech., p. 280, t. 2, 1re partie, *de l'emploi et du remploi de la dot.*

de mobilière qu'elle était, devenir immobilière, ou *vice versa*. Mais, dans notre espèce, la dot originairement immobilière a été remplacée par d'autres immeubles ou par une somme d'argent dont le mari est tenu de faire emploi. Les biens immobiliers acquis en remplacement ou en remploi doivent donc participer du caractère d'inaliénabilité des immeubles primitivement constitués, sans que l'on puisse dire que la dot ait changé de nature. Il s'agit ici, moins d'une subrogation proprement dite, que d'un échange accompli par la volonté de la loi et qui concilie tous les intérêts : celui du mari, qui jouira pendant le mariage des nouveaux immeubles, à la condition de les affecter à l'entretien de la famille ; celui de la femme, à laquelle il assure la conservation et la restitution de la dot. Ces considérations nous semblent établir solidement la vérité de notre système quant à l'inaliénabilité des immeubles acquis en remploi ; nous ne croyons pas pouvoir mieux faire pour démontrer la responsabilité des débiteurs ou tiers détenteurs des deniers dotaux affectés au remploi, que de citer M. Benech : « Nous l'avons fondée, dit-il, sur les règles générales, en matière de validité de paiement, sur ce que le mari n'avait qualité de recevoir qu'à la condition de l'emploi stipulé, et que par suite, quand l'emploi n'était pas effectué, la quittance qu'il avait fournie n'avait pas libéré les débiteurs. Or, qu'importe que les pouvoirs du mari aient été limités et modifiés par les clauses du contrat de mariage, ou qu'ils le soient par l'effet des circonstances qui ont transformé la dot ? Qu'importe qu'il soit obligé de faire emploi, en vertu de la convention ou en vertu des dispositions de la loi, littérales ou fécondées par l'analogie ? Son défaut de qualité pour quittancer valablement et libérer les débiteurs est dans tous les cas le même. Donc ces débiteurs ont intérêt à exiger l'emploi, à surveiller son efficacité, et sont autorisés à ne se libérer que lorsque le mari aura fait, à cet égard, toutes les justifications nécessaires. Nous entendons ici, par débiteurs, par exemple, dans le cas de l'art. 1558, les acquéreurs des biens dotaux; dans le cas de l'expropriation forcée, l'état, etc., etc. [1] »

Effets de l'inaliénabilité relativement à la capacité des époux.

Nous avons déterminé l'étendue du principe d'inaliénabilité par rapport à son objet d'application. En traitant la théorie de l'aliénabilité de la dot mobilière, nous avons exposé en partie l'influence qu'exerce ce principe sur la capacité des époux dotaux; il ne nous reste plus qu'à compléter à ce sujet les observations que nous avons déjà présentées, en faisant remarquer l'intime connexité qui doit exister entre l'indisponibilité ou la disponibilité des choses dotales et l'incapacité ou la capacité de disposer des mêmes choses, qui frappent les époux engagés dans les liens de la dotalité.

Et tout d'abord, il faut reconnaître que c'est la femme seule qui est véritablement rendue incapable par la prohibition d'aliéner les biens faisant partie de sa dot. Elle seule est propriétaire, par conséquent, elle seule devrait jouir de ce droit que la loi lui retire complètement en vertu d'une rigoureuse restriction exigée par l'intérêt public.

Quant au mari, à qui la loi confie l'administration des

---

[1] Les immeubles par destination perdent leur nature factice dès qu'ils sont détachés du fonds dotal, les différentes questions que peut soulever leur déplacement se confondent avec celles que nous avons traitées par rapport aux meubles dotaux. Que si ces objets n'avaient pas été enlevés du fonds auquel ils étaient destinés, nous n'hésiterions pas à déclarer non avenue l'aliénation qui en aurait été faite, comme directement prohibée par l'art. 1554.

choses dotales, il est bien vrai que ses pouvoirs sont restreints et limités dans un but de conservation et de restitution de la dot. Mais l'incapacité qui semble en résulter à l'égard de certains actes, est plus apparente que réelle. Sans doute, au point de vue de l'administration et de la disposition de la dot, on peut dire que des restrictions nombreuses étant apportées à son pouvoir, il est frappé d'une certaine incapacité; mais, à un autre point de vue plus générale, il est constant que la dot étant la propriété d'autrui, toutes les attributions que la loi lui confère sur elle, sont en réalité des additions à sa capacité naturelle.

Il convient donc d'examiner séparément les limites imposées au pouvoir du mari et les principaux effets attachés à l'incapacité de la femme.

Nous avons reconnu que le mari, dans la situation normale du mariage, avait un droit d'administration très-étendu sur toutes les valeurs dotales et même un droit d'aliénation sur les valeurs mobilières ; que dans les mêmes circonstances, la femme se trouvait frappée d'une incapacité absolue dérivant tant de l'inaliénabilité de sa dot que des pouvoirs attribués an mari. Mais que si un jugement de séparation intervenait, la femme séparée rentrait dans une capacité d'administration et d'aliénation régie par les mêmes règles que celles du mari dont elle a pris la place.

Mais il est des actes d'un caractère douteux à l'égard desquels on peut se demander s'ils rentrent dans le droit d'administration du mari, ou s'ils constituent des modes prohibés d'aliénation.

En premier lieu, se présente la transaction. Le Droit romain considérait la transaction comme une véritable aliénation[1].

---

[1] L. 1, § 0, D. l. 38, t. 3 ; l. 4, C. ; l. 8, t. LXXI.

Notre Code ne s'est pas écarté des principes du Droit romain à cet égard, puisque d'après l'art. 2045 « pour transiger, il » faut avoir la capacité de disposer des objets compris dans » la transaction. » En présence d'un texte aussi formel, il nous paraît impossible d'accorder au mari la faculté de transiger, lorsque la transaction amènerait la perte de tout ou partie de l'immeuble dotal. Mais si la transaction porte sur la dot mobilière, nous devons décider que le mari a le pouvoir de transiger comme bon lui semble, puisque nous lui avons reconnu un droit de disposition absolu sur tous les biens dotaux. Point de doute dans ces deux cas, mais que décider si la transaction, tout en portant sur un immeuble dotal, n'a pas pour effet d'en distraire la propriété, mais seulement de faire payer par le mari une indemnité pécuniaire à son adversaire? L'ancienne jurisprudence distinguait sagement entre le cas des transactions qui entraînait une dépossession de la chose litigieuse et celui où le possesseur n'en était pas dépouillé. Au premier cas, la transaction emportait aliénation : *Alienare videtur qui de re immobili transigit, rem dimittendo* [1] ; dans le second, la prohibition de transiger n'entraînait pas celle d'aliéner, bien que celui qui gardait la possession de l'objet contesté, payât indemnité à son adversaire. C'est là une distinction fondée sur la raison et, nous l'appropriant, nous dirons que la transaction ainsi faite par le mari sous le régime dotal est valable. En effet, du moment qu'il n'aliène point l'immeuble dotal, il ne fait rien qui lui soit interdit par la loi. N'a-t-il pas le droit de s'obliger simplement à payer une somme d'argent, et n'est-ce pas le fait d'un bon administrateur que d'éviter par un léger sacrifice de compromettre la propriété qui lui est confiée, dans les chan-

[1] D'Argentré, *Cout. de Bret.*, art. 419, 0, l. 2, n° 12, p. 1671.

ces d'un procès hasardeux ? On a objecté, avec une certaine raison contre notre solution, qu'elle tendrait souvent à valider des arrangements parfois très-onéreux pour la femme, et qu'il lui importait peu de retenir la possession de la chose litigieuse, si ce n'était qu'au prix d'engagements plus considérables ou aussi désavantageux que la dépossession. Cela est vrai, mais d'un autre côté, il se présentera souvent telles circonstances où il s'agit de prévenir une chance imminente d'éviction, ou d'arrêter un procès dispendieux, dont les suites menacent d'absorber le patrimoine de la femme. Le système contraire au nôtre conduirait alors la femme à une ruine complète. On a cherché à concilier ces deux opinions opposées et offrant toutes deux des dangers, en laissant aux tribunaux le droit de maintenir ou d'annuler la transaction en appréciant, suivant les conditions de l'accord, si elle renferme ou non une aliénation. Mais c'est accorder aux tribunaux un pouvoir trop arbitraire, c'est en même temps empêcher toute transaction dans la crainte d'nne annulation future. Nous repoussons donc ce système, et nous persistons dans notre opinion qui nous paraît seule conforme aux principes.

Le compromis présente plus de dangers que la transaction, puisqu'il soustrait les parties à leurs juges naturels. Aussi n'est-il permis qu'à l'égard des droits dont on a la libre disposition et il est en outre interdit quand la contestation dont il s'agit doit être communiquée au ministère public (C. pr., art. 1003 et s.) ; à ce double titre, le mari n'a pas le droit de compromettre sur les immeubles dotaux. La Cour de Riom, qui avait admis le principe contraire, a vu casser sa décision par un arrêt de la Cour de cassation, en date du 7 juin 1848. Le mari peut, au contraire, compromettre sur les valeurs dotales, puisque nous lui en avons reconnu la pleine disposition.

Il faut décider *a fortiori* que le mari ne peut acquiescer à une demande dont le résultat serait d'amoindrir la dot immobilière. Le seul effet de cet acquiescement serait d'interrompre une prescription qui aurait commencé à courir contre le demandeur (C. N., 2248); car, s'il ne peut devenir pour les tiers une cause de bénéfice, il doit leur éviter un préjudice.

Quant au désistement, nous pensons avec MM. Rodière et Pont[1], que le mari ayant le droit d'engager seul le procès, peut aussi se désister seul, comme il peut laisser tomber l'instance en péremption; mais cela n'est vrai que du désistement portant sur l'instance; il ne saurait se désister sur le fonds du droit par les mêmes motifs qu'il ne saurait acquiescer à une demande.

Le mari a le droit de concourir à la formation d'un concordat dans une faillite où la dot est intéressée. L'opinion contraire tendrait à rendre tout concordat impossible dans le cas où les dettes du failli seraient dues pour le quart à des personnes incapables, et l'intérêt de la femme peut exiger cependant un arrangement de ce genre.

D'après la loi romaine[2], l'action en revendication des choses dotales appartenait au mari. Notre droit civil a maintenu la même règle. C'est le mari qui est chargé (1549) de diriger toutes les actions relatives aux biens dotaux, même les actions immobilières pétitoires. La femme n'a en principe aucune qualité pour intervenir dans les procès qui intéressent les biens qu'elle s'est constitués. Si le mari manque à ses devoirs et laisse péricliter sa dot, il sera responsable des prescriptions dont il aurait pu arrêter le cours, et la femme pourra au besoin recourir à la voie de la séparation de biens

[1] T. II, p. 450.
[2] L. 9, *de rei vind.* D.

pour sauvegarder ses intérêts compromis. Mais le principe d'inaliénabilité de la dot ne fait pas obstacle à ce que les sentences rendues contre le mari n'acquièrent l'autorité de la chose jugée à l'égard de la femme. C'est donc à tort que MM. Proudhon[1] et Toullier[2] ont soutenu que le mari n'avait la direction des actions dotales que relativement à son droit de jouissance. Il est reconnu universellement que le mari agit *proprio nomine,* tant dans son propre intérêt pour la jouissance, que pour la propriété au lieu et place de sa femme dont il est le représentant légal et qui est incapable d'agir elle-même. Ce n'est que dans le cas d'un concert frauduleux dont le mari se serait rendu complice, que la voie d'une tierce opposition serait ouverte à la femme ou à ses créanciers dont les intérêts auraient été ainsi lésés, pour repousser l'effet des condamnations prononcées contre lui. (Art. 474, C. pr.)

Ce pouvoir exorbitant dont le mari est revêtu sous le régime dotal découle non plus comme autrefois de son droit de propriété, mais de son droit très-étendu d'administration. C'est au mari que le législateur a commis le soin de veiller à la conservation des biens de la dot. En faut-il conclure qu'il a aussi qualités pour intenter seul l'action en partage ?

On sait qu'à Rome, le partage avait le caractère d'aliénation[3]. Mais si la loi romaine interdisait au mari l'action en partage, en demandant, c'est que le partage entraînait aliénation, et que toute aliénation volontaire lui était interdite[4]. Mais, dans notre droit, le partage n'a plus la même physiono-

---

[1] *Usuf.,* 5, n° 1236.
[2] T. 12, 503 et s.
[3] *Mariti qui fundum communem cum alio in dotem inæstimatum acceperunt, ad communi dividundo judicium provocare non possunt, licet ipsi possint provocari.*
[4] Tropl., 3108 et s., *Cont. de mariage.*

mie : au lieu d'être attributif de propriété, il n'a que le caractère déclaratif. Il est donc logique de ne plus le considérer
comme une aliénation, et de faire rentrer l'action en partage
dans la classe de ces actions pétitoires que l'art. 1549 fait
reposer sur la tête du mari. Il est vrai qu'on nous oppose le
texte de l'art. 818, qui dispose qu'à l'égard des objets qui ne
tombent pas en communauté, le mari ne peut en provoquer
le partage sans le concours de sa femme ; il peut seulement,
s'il a le droit de jouir de ces biens, demander un partage
provisionnel. Mais n'est-il pas évident que la règle de l'article
818 n'a été faite que pour la communauté ? Il suffit, en effet,
de remarquer que cet article s'occupe d'abord du partage des
biens de communauté, et que s'il traite ensuite du partage
des biens qui ne tombent pas en communauté, il n'a pu,
sous cette dénomination, avoir en vue les biens dotaux, surtout quand l'on considère qu'à l'époque de la rédaction de
l'art. 818, on ne savait même pas si le régime dotal entre-
rait dans les combinaisons de la loi. L'art. 1549, au contraire, est la règle spéciale du régime dotal. Comment peut-on
chercher à transporter dans ce régime les règles si différentes
de la communauté? Si l'on consulte l'art. 428, on voit, en le
comparant avec l'art. 1549, la différence radicale qui existe
entre ces deux régimes quant aux limites de l'administration
du mari : le premier ne lui conférant que l'exercice des actions mobilières et possessoires; le second l'investissant du
droit d'exercer seul les actions même immobilières et les
revendications.

Nous pensons en conséquence que le mari est en droit
de provoquer seul le partage des biens indivis que renferme la dot et *a fortiori* qu'il a droit d'y défendre seul.
Nous devons dire cependant que l'opinion contraire, quant
au premier point, a été consacrée par un arrêt de la Cour

de Paris du 14 juillet 1845, sanctionné par un arrêt de rejet [1].

Cette décision est, du reste, conforme à l'ancienne législation, dont la doctrine est nettement formulée par Roussilhe : « Si le mari a seul fait la licitation, sa femme peut la faire annuler parce que le mari n'a pas qualité pour partager le fonds dotal ; il faut que la femme y soit partie, c'est une action réelle qui la concerne [2]. »

Nous venons de parler du partage judiciaire, que décider du partage amiable ? Les mêmes principes nous conduisent à la même solution. Puisque le partage n'est pas une aliénation mais une simple détermination de parts, la femme est censée n'avoir jamais été propriétaire des choses qui ne sont pas tombées dans son lot ; le mari est donc censé ne les avoir pas aliénés, et par suite il est resté, en agissant au partage amiable, dans les pouvoirs que lui confère l'art. 1549. On peut ajouter qu'il est de principe que nul n'est tenu de rester dans l'indivision et qu'il serait injuste de contraindre les parties à faire un partage judiciaire dispendieux.

C'est d'ailleurs ce qui résulte *à contrario* des dispositions de l'art. 1558, qui n'exige le partage en justice qu'autant que l'immeuble dotal indivis est reconnu impartageable. Toutefois nous n'admettons cette solution que dans le cas où le partage amiable conserve son caractère de détermination de parts ; nous croyons que le partage n'est pas dans le pouvoir du mari lorsqu'il revêt la forme d'une vente. Dans ce cas, en effet, le mari pouvant aliéner le fonds dotal en entier pour y substituer des deniers, le partage ne saurait échapper à la qualification de vente du fonds dotal. Telle était l'ancienne

---

[1] Dev., 45, 2, 501.
[2] Roussilhe, *de la dot*, n° 409.

jurisprudence, et c'est ce qui ressort, par un argument *a fortiori*, du texte de l'art. 1558 qui prohibe la vente amiable, alors même que le fonds dotal indivis est impartageable. (Cass., 9 mars 1843.)

Quand un créancier veut poursuivre l'expropriation des biens dotaux, dans le cas bien entendu où la saisie est permise, par dérogation à la règle de l'inaliénabilité, doit-il agir tout à la fois contre le mari et la femme ? L'art. 2208 prête un grand argument pour l'affirmative. Voici en effet ce que dispose le second alinéa de ce texte : « L'expropriation des immeubles de la femme qui ne sont point entrés en communauté se poursuit contre le mari et la femme, laquelle, au refus du mari de procéder avec elle, ou, si le mari est mineur, peut être autorisée en justice. » Mais les mêmes motifs qui nous ont fait admettre que l'art. 818 ne se rapportait qu'au cas de communauté, nous portent à croire qu'ici encore le législateur n'a eu en vue que le régime de communauté et que l'art. 2208 ne concerne pas le régime dotal.

Enfin, pour terminer l'exposition de ce petit nombre d'exemples qui suffiront pour marquer la différence entre les actes qui rentrent dans le pouvoir d'administration confié au mari et ceux qui, emportant aliénation, tombent sous la prohibition de l'art. 1554, nous ajouterons que, pour les baux, on est universellement d'accord pour apporter aux pouvoirs du mari dotal les restrictions imposées par les art. 1429 et 1430.

Nous avons maintenant à énumérer les effets de l'incapacité de la femme.

La femme, sous le régime dotal comme sous tous les autres régimes, est incapable de s'obliger sans l'autorisation de son mari ; de plus, elle ne peut même avec cette autorisation aliéner ses immeubles dotaux. Cette défense d'aliéner doit être entendue dans le sens le plus large. *Est autem alienatio omnis actus per quem dominium transfertur.* Ainsi l'aliénation renferme l'hypothèque et l'antichrèse, parce que l'hypothèque entraîne l'aliénation et que l'antichrèse a pour effet de soustraire la dot à sa destination.

Mais le principe d'inaliénabilité s'oppose-t-il à ce que les créanciers poursuivent après la dissolution du mariage, sur les immeubles dotaux, les engagements valablement consentis par la femme pendant le mariage?

Cette question est résolue négativement par une jurisprudence constante et par l'immense majorité des auteurs.

En effet, si les immeubles dotaux étaient sujets aux dettes contractées pendant le mariage, la règle de l'art. 1554 ne serait qu'une protection inefficace pour la femme, qui, à la dissolution du mariage, se trouverait dépouillée en vertu d'engagements qu'elle n'a peut-être souscrits que sous l'influence de son mari. Ce serait lui donner un moyen de faire indirectement une aliénation qui lui est interdite d'une manière absolue.

Pour l'opinion contraire, on objecte que l'engagement de la femme est valable en lui-même; que, lorsque les biens dotaux sont dégagés de la dotalité par la dissolution du mariage, ils rentrent dans le commerce et échappent à tout privilége ; que par suite ces biens doivent servir de gage aux créanciers par application de la maxime générale : Qui s'oblige, oblige tous ses biens présents et à venir.

Mais les partisans de ce système oublient que pour juger de la validité d'une aliénation directe ou indirecte, il faut se reporter non au moment où elle s'exécute, mais à celui où elle est faite, et examiner si à cette époque l'acte a réuni cette double condition : le droit et la volonté de l'accomplir, de la part de celui qui l'a consenti. Or, nous supposons que les engagements de la femme ont été contractés pendant le mariage, dans une période par conséquent où elle n'avait pas le droit d'affecter sa dot immobilière à leur exécution. Qu'importe donc qu'après la dissolution du mariage son incapacité vienne à cesser, les engagements restent les mêmes et subordonnés aux mêmes conditions qu'à l'époque où ils ont été contractés. C'est par les mêmes motifs que l'acheteur du bien dotal ne pourrait pas demander l'exécution de la vente, sous prétexte que la dotalité a cessé. Le bien est libre aujourd'hui, mais il ne l'était pas le jour où la vente a eu lieu [1].

L'opinion que nous combattons est soutenue par M. Troplong [2], nous ne saurions mieux faire que d'opposer à son autorité le raisonnement de M. Marcadé :

« S'il est évident, comme dit le savant magistrat, que celui qui s'oblige, oblige tous ses biens, soit présents soit à venir, il est évident aussi qu'il y a exception à ce principe pour les biens qui appartenant au débiteur au moment où il s'oblige, sont à ce moment indisponibles dans sa main. Je puis engager et j'engage de plein droit en m'obligeant tous ceux de mes biens présents qui sont libres dans mon patrimoine, je puis engager et j'engage mes biens à venir, en tant qu'ils m'arriveront libres également, mais je ne puis assurément pas engager ceux de mes biens présents qui sont soustraits à mon droit de disposition et mis hors du commerce, pas plus que ceux de mes biens à venir qui m'arriveraient frappés de la même interdiction. Bien loin donc qu'il y ait dans cette règle une inconcevable extension du principe dotal, elle n'en est,

---

[1] Cass., 16 décembre 1846, 50 août 1847.

[2] La Cour de Toulouse, dans un arrêt du 20 novembre 1834, fait une distinction entre la femme et les héritiers. Ceux-ci ne sauraient invoquer le même privilège que la femme, qui, suivant cette jurisprudence, n'est pas tenue de ses engagements sur sa dot, après la dissolution du mariage. Il nous suffit de signaler cette erreur. Comment les héritiers ne seraient-ils pas dans la même situation que leur auteur ? V. Troplong, n° 5712 et s.

on le voit, que l'application logique, et la vérité commande de
dire qu'il y en aurait, au contraire, une inconcevable restriction, nous pourrions dire, une complète négation, dans la
doctrine de M. Troplong, qui, non content de permettre
l'aliénation absolue pendant le mariage de la totalité du revenu des immeubles dotaux, arrive ici à permettre l'aliénation des immeubles eux-mêmes, pourvu qu'elle se fasse indirectement et pour n'avoir son effet que lors de la dissolution.
Singulier système de protection rigoureuse de la dot que celui
dans lequel cette femme pourrait, d'une part, rester constam-
ment privée pendant toute la durée de son union de la totalité de son revenu, même de la portion nécessaire à ses besoins, et d'autre part, ne voir le capital lui-même demeurer
intact pendant le mariage que pour lui échapper le lendemain
de la dissolution. »

Il est évident que la femme ne peut disposer par donation
entre-vifs de son bien dotal, sauf dans les cas exceptionnels
des art. 1555 et 1556. La donation entraîne en effet un dé-
pouillement irrévocable de la propriété. Mais on lui reconnaît
universellement le droit de transmettre par voie de testament.
Un tel acte ne saurait créer en faveur du légataire aucune espèce de droit, pas plus qu'il ne dessaisit d'aucun avantage
celui qui en est l'auteur. La donation entre-vifs que la femme
ferait de ses biens dotaux à son mari doit être assimilée au
testament. Elle est révocable, subordonnée au prédécès de
l'époux et n'emporte pas dessaisissement actuel de la propriété.
L'aliénation qui en serait la suite ne se consommerait donc,
comme dans le cas de testament, qu'au moment où les biens
auraient perdu leur caractère de dotalité.

Quant à l'institution contractuelle, il s'élève quelque doute
sur le point de savoir si la femme peut ainsi disposer de son
bien dotal. La difficulté provient de la différence qui existe

entre ce mode d'aliénation et le testament. L'institution contractuelle, bien qu'elle ne doive se réaliser qu'à la mort du donateur, confère un avantage actuel et irrévocable, jusqu'à un certain point, à l'institué, et prive le disposant du droit de disposer de nouveau, à titre gratuit, des biens compris dans l'institution. Ce mode de disposition porte donc une certaine atteinte au droit de propriété de l'instituant et par suite au principe de l'inaliénabilité,

Malgré ce que cet argument a de sérieux, nous nous rangerons du côté de la majorité des auteurs qui pensent que la femme peut faire une institution contractuelle [1]. L'ancienne jurisprudence, quoiqu'elle fût beaucoup plus rigoureuse que notre législation actuelle sur le privilége d'inaliénabilité, professait la même doctrine. Elle se fondait sur l'analogie existant réellement entre l'institution contractuelle et le testament, analogie si grande que l'on peut définir cette institution un testament irrévocable. Cette aliénation n'a d'effet qu'à la mort de la femme, à un moment où la dotalité n'existe plus. Elle laisse intact le droit de jouissance du mari. Elle ne lèse pas le droit des enfants, puisqu'elle tombe par leur survenance.

Après avoir parlé des pouvoirs des époux sur le capital de la dot, tant immobilière que mobilière, nous devons nous occuper de ces mêmes pouvoirs sur les fruits des biens dotaux.

Quant aux fruits de la dot mobilière, il est bien évident qu'on doit en reconnaître la pleine disponibilité. Le mari, dans les cas ordinaires, la femme, après la séparation de biens, pouvant, suivant nous, aliéner comme il leur plaît le capital des biens dotaux mobiliers, il serait inconséquent et absurde de leur interdire l'aliénation des intérêts de ce même

---

[1] Chabrol, *Cout. d'Auv.*, t. XI, p. 200 et 587. Roussilhe, *de la dot*, t. I, n° 394. Duranton, t. IX, n° 524. Tessier, *de la dot*, t. XI, n° 507. Troplong, t. V, 5272.

capital. Il ne peut donc s'élever de doute qu'à l'occasion des fruits des immeubles. A leur égard, il faut reconnaître qu'ils acquièrent, par leur perception même, une existence distincte, indépendante du fonds qui les a produits. Leur nature essentiellement fongible les abandonne à la discrétion du mari. S'il s'obstine à les détourner de l'entretien du ménage, la femme a la ressource de la séparation de biens; mais il n'existe aucun moyen de contraindre le mari, ou de la contraindre elle-même, une fois nantie de ces mêmes valeurs, à leur donner leur destination légitime, l'entretien du ménage et de la famille.

La question ne peut donc naître que dans le cas où les créanciers des époux voudraient saisir les revenus non encore perçus, ou qu'à l'égard des tiers qui réclameraient des droits à la jouissance de la chose.

Voici comment M. Troplong résout cette question : « En principe, les fruits de la dot sont la propriété du mari. C'est lui qui en profite, la femme n'y a aucune part. A la vérité, cette propriété n'est pas sans charge. Il doit soutenir les dépenses du mariage. On doit le comparer à un acheteur; s'il reçoit la chose dotale, il en paie le prix en supportant les innombrables fardeaux que le mariage entraîne avec lui. Propriétaire des fruits, le mari en a la disposition. De là on doit conclure qu'il peut les engager par ses obligations et que ses créanciers sont en droit de les saisir, afin de se faire payer ce qui leur est dû. S'il résulte de ces actions des créanciers des embarras pour le ménage, la femme a un moyen de s'y soustraire : la séparation de biens. »

Nous ne pouvons partager sur ce point l'opinion du savant auteur. Sa décision rendrait illusoire les garanties établies en faveur de la femme et entraînerait souvent la perte du fonds dotal lui-même. En effet, l'immeuble frappé de stérilité entre les mains du mari , comment celui-ci subviendra-t-il à l'entretien de la famille? et, la famille ainsi réduite à la détresse, ne sera-t-il pas dans la nécessité de recourir à la faculté qui lui est accordée dans l'art. 1558, d'aliéner le fonds dotal pour se procurer des aliments? D'ailleurs, les revenus font partie de l'immeuble tant qu'ils n'en sont pas détachés par la perception ou l'échéance, et par conséquent ils doivent être comme lui soumis à la prohibition de l'art. 1554. Le principe même de l'inaliénabilité de la dot nous conduit donc à admettre l'inaliénabilité des fruits de l'immeuble dotal. Toutefois, la jurisprudence et la plupart des auteurs n'adoptent cette solution qu'avec un tempérament. Ils veulent que le mari puisse disposer des revenus dotaux dans la limite de ce qui reste après satisfaction des nécessités du ménage. Cette distinction est fondée sur cette raison, d'une part, qu'elle assure une réserve suffisante à l'entretien et à l'avenir de la famille; d'un autre côté, qu'elle pourvoit dans une mesure sagement conciliante à ce que l'administration de la dot puisse s'exercer avec toute la liberté que permet sa destination légalement obligée. Ce que nous venons de dire du mari doit s'appliquer aussi bien à la femme séparée de biens. Elle aura sur les revenus le même droit que le mari ; elle pourra les aliéner dans les mêmes limites. Ainsi, elle aura aussi la pleine disposition des fruits de la dot mobilière ; mais la disposition des revenus non échus du fonds dotal ne lui sera permise que dans la mesure du superflu de ses besoins. Nous devons critiquer ici, sur un point important, la doctrine de la Cour suprême. Après avoir décidé que la femme séparée peut engager le superflu des revenus par des engagements postérieurs au jugement de séparation de biens, elle refuse aux créanciers le droit de saisir ce même superflu pour l'exécution des obligations qu'elle aurait contractées pendant l'administration du

mari, excepté dans le cas prévu par l'art. 1449, § 3, C. N.,
où la femme se serait réservé la libre disposition d'une partie de son revenu pour pourvoir à son entretien et à ses besoins personnels. Alors elle peut s'obliger jusqu'à concurrence
de cette quotité et dans la limite des nécessités du ménage[1].
Cette solution est tellement contraire à tous les principes
qu'elle a été critiquée par tous les auteurs. Dès l'instant
qu'une séparation judiciaire est intervenue, les revenus dotaux
sont entrés dans le patrimoine libre de la femme et doivent
dès lors augmenter le gage que la femme pouvait offrir à ses
créanciers.

Exceptions au principe d'inaliénabilité du fonds dotal.

Nous venons d'exposer l'étendue et les effets de l'inaliénabilité; mais ce principe n'est pas tellement inflexible qu'il ne
reçoive quelques exceptions. Les unes sont écrites dans la loi,
les autres résultent invinciblement de certaines nécessités que
le législateur n'a pas eu besoin de mentionner ou de quelque
motif d'ordre public supérieur : tel est l'assujétissement
des fonds dotaux aux servitudes légales ou leur expropriation
pour cause d'utilité publique[2].

Nous nous occuperons d'abord de la plus large des exceptions prévues par le législateur, de celle qui, par une dérogation faite dans le contrat de mariage, enlève à la dotalité son
trait caractéristique, l'inaliénabilité, et crée un régime dotal
sous lequel les immeubles dotaux restent dans le commerce.

L'art. 1557 laisse aux époux la faculté d'aliéner l'immeu-

---

[1] Cass., 4 nov. 1848; rej. 12 août 47, 13 janv. 51.
[2] Loi du 3 mai 1841 (art. 13 et 25).

ble dotal dont l'aliénation a été permise par contrat de mariage.

Cette disposition est une conséquence nécessaire de la liberté illimitée des conventions matrimoniales. Elle n'est que l'application du principe posé dans l'art. 1387. Il est donc évident que ce texte n'a rien de limitatif; il n'offre qu'un exemple des stipulations du même genre qui peuvent modifier les conditions normales de la dotalité. Si notre Code a formellement autorisé cette dérogation au principe d'inaliénabilité, c'est pour ne laisser aucun doute à cet égard et faire voir la différence qu'il avait à cœur d'établir à ce sujet avec le droit des Romains et celui des pays de droit écrit[1], qui édictaient une prohibition absolue. Par cela même que les époux, au lieu de repousser le régime dotal tout entier, peuvent l'affecter de la clause d'aliénabilité des immeubles constitués, ils peuvent aussi le transformer de mille autres manières.

La suppression du principe d'inaliénabilité peut être plus ou moins complète. La femme peut dire que les immeubles pourront être aliénés de quelque façon que ce soit, ou dire qu'ils pourront seulement être vendus; elle peut dire qu'on les pourra vendre librement et sans aucune condition, ou dire qu'on ne le pourra que sous condition d'en remployer le prix d'une manière déterminée. Elle peut dire qu'ils pourront être aliénés ou hypothéqués, ou dire qu'ils pourront être aliénés seulement, l'hypothèque demeurant interdite; ou réciproquement qu'ils pourront être hypothéqués seulement, leur aliénation directe restant sous le principe de prohibition de l'art. 1554.

[1] Toutefois, en Normandie, le fonds dotal pouvait être aliéné lorsque le mari en avait reçu le pouvoir par le contrat de mariage. La même dérogation avait été admise dans quelques pays du droit écrit. (Serres, *Inst.*, 190. Catelan, 445. Benech, *du remploi*, p. 171.)

Toutefois, nous devons faire observer qu'il y a eu doute sur le point de savoir si la femme, en se mariant sous le régime dotal, peut se réserver la faculté d'hypothéquer aussi bien que la faculté d'aliéner. La difficulté est venue de ce que l'art. 1557 ne parle pas de l'hypothèque, tandis que dans l'art. 1554 le législateur prohibe avec soin l'aliénation et l'hypothèque. En outre, les droits d'aliéner et d'hypothéquer ne sont pas identiques, bien que l'hypothèque contienne le germe de l'aliénation. Et pour établir cette différence, on faisait ressortir les dangers de l'hypothèque, et le péril qu'elle faisait courir à la femme. Mais aujourd'hui le plus grand nombre des auteurs et la jurisprudence s'accordent à reconnaître que cette stipulation peut trouver place dans les conventions matrimoniales. On se fonde universellement sur les principes de l'art. 1587, d'après lesquels la plus grande liberté est laissée aux époux dans la confection de leur pacte nuptial, et on trouve un argument sérieux en faveur de cette opinion dans l'art. 7 du Code de commerce, où il est dit que les biens de la femme, marchande publique, mariée sous le régime dotal, restent soumis à la dotalité, et ne peuvent être hypothéqués ni aliénés que dans les cas déterminés par le Code civil. On en conclut, avec raison, qu'il y a dans le Code Napoléon des cas où il y a pleine exception à la double prohibition de l'art. 1554, et cependant le Code ne contient aucune autre exception que celles qui sont énumérées aux art. 1555, 1556, 1557, 1558.

Cette question résolue, nous déciderons que la femme pourrait stipuler que les immeubles du mari seront complétement affranchis de l'hypothèque légale, pour les reprises dotales.

La faculté d'aliéner, stipulée dans le contrat de mariage, ne donne pas au mari le droit de vendre les immeubles dotaux indépendamment du fait de sa femme. Le concours du mari et de la femme serait nécessaire pour en transférer la propriété, à moins qu'un mandat exprès, inséré dans le pacte nuptial, n'eût confié ce pouvoir au mari seul. Dans ce cas, ce mandat, irrévocable pendant la situation normale du mariage, comme participant à l'immutabilité des conventions matrimoniales, cesserait par la séparation de biens, dont l'effet est de retirer au mari l'administration et à plus forte raison la disposition de la dot.

La femme mineure peut stipuler l'aliénabilité des biens dotaux, avec l'assistance de ceux dont le consentement est requis pour la validité du contrat de mariage. Elle pourrait, par identité de raison, investir son mari, même mineur, du mandat d'aliéner. Mais la latitude laissée aux conventions matrimoniales n'irait pas jusqu'à lui permettre de l'exempter des formalités nécessaires à l'aliénation des biens des mineurs ni d'en affranchir son mari, s'il n'avait pas atteint sa majorité.

Le droit d'aliéner les immeubles emporte-t-il celui d'aliéner les meubles? Il est évident que la solution de cette question est subordonnée au parti que l'on a adopté sur l'aliénabilité de la dot mobilière. Pour nous, qui nous sommes prononcés pour l'aliénabilité, la question se réduit à savoir si dans l'hypothèse l'incapacité de la femme, pendant le mariage, de disposer de ses meubles dotaux, cessera par l'effet de la stipulation, et nous déciderons que non, malgré l'opinion contraire de M. Troplong (3396). Nous ne voyons pas en effet en quoi la dérogation au statut réel d'inaliénabilité des immeubles peut influer sur les règles purement personnelles qui fixent la capacité relative des époux.

L'autorisation d'aliéner, stipulée dans le contrat de mariage, sans autre précision, comprend-elle la faculté d'hypothéquer le fonds dotal? L'affirmative a été soutenue avec une grande énergie par M. Troplong et M. Tessier. Leur argument principal se tire du sens du mot aliéner, employé dans l'art. 1557. On est obligé de convenir, en effet, que la langue juridique donne quelquefois au mot aliéner la plus large acception et lui fait comprendre tous les actes emportant l'idée d'une transmission quelconque de propriété. Nous ne nions pas que l'art. 1557 emploie ce mot dans sa signification la plus étendue. Mais faut-il en conclure avec M. Troplong, que puisqu'aliéner a cette signification dans l'art. 1557, c'est donc là, en matière de dot, son sens légal, et que ce mot doit être entendu en ce sens dans tout contrat de mariage ? Reconnaître que le mot aliéner a ce sens large dans l'art. 1557, qui permet la stipulation du contrat, et lui refuser ce même sens dans la stipulation écrite précisément en vertu de cet art. 1557, ne serait-ce pas tomber dans la contradiction ? Nous répondrons à ce raisonnement qui, au premier abord, paraît assez convaincant, que le sens large que M. Troplong attribue au mot aliéner en matière de dot, n'est pas son seul sens légal, puisque, dans l'art. 1554, la loi lui donne un sens étroit et restreint. Il est donc évident que les deux sens sont également légaux et qu'ils peuvent être pris l'un et l'autre soit dans la loi, soit dans le contrat. Si dans l'art. 1557 le mot aliéner est pris d'une manière générale, c'est que l'objet de ce texte est de consacrer spécialement, à l'égard des époux dotaux, le principe de la liberté des conventions matrimoniales et de leur permettre (en thèse générale) d'apporter les plus larges dérogations à la règle de l'inaliénabilité dotale. Mais quand il s'agit de saisir la pensée et la commune intention des parties qui sont intervenues au pacte matrimonial, qu'importe le sens du mot aliéner dans l'art. 1557 ? Ce que l'on recherche, ce n'est pas la pensée du législateur, c'est celle des époux. Ont-ils entendu renfermer la permission d'hypothéquer dans celle d'aliéner ? Telle est toujours la question, de quelque manière qu'on interprète cet article, et dans le doute, comme il est constant que les exceptions sont de droit étroit, on doit interpréter cette clause restrictivement. D'ailleurs cette solution de notre question est conforme à cette maxime de Godefroy : *Si permittitur unus actus alienationis, permittitur omnis alius illi similis et eumdem effectum habens, secus, si deteriorem.* Or, il est certain qu'il n'y a aucune analogie à établir entre la nature, le caractère et les effets de l'hypothèque et ceux de l'aliénation ordinaire. La femme qui aliène reçoit en équivalent de la chose dont elle transmet la propriété un prix qui pourra être placé à des conditions plus ou moins avantageuses et produira des intérêts destinés à compenser les revenus de l'immeuble qu'il représente. Enfin, elle demeure libre de vendre comme de ne pas le faire, et si elle s'y décide, ce ne sera qu'en choisissant le moment le plus opportun et les chances les plus favorables. Dans le cas au contraire où son immeuble deviendrait le gage d'une créance hypothécaire, elle ne consentirait la plupart du temps à cette affectation que pour se délivrer des obsessions de son mari, qui lui ferait espérer la prochaine délivrance de l'immeuble hypothéqué, en lui déguisant soigneusement tous les dangers et tous les embarras que cette affectation contient pour l'avenir. L'hypothèque conduira souvent à une aliénation forcée, il y aura bien alors aliénation proprement dite mais l'expropriation, toujours imprévue, amène à sa suite des conséquences désastreuses et présente beaucoup plus de dangers que la vente libre. Nous repoussons donc l'assimilation entre la simple clause d'aliénabilité et celle qui tiendrait à autoriser l'hypothèque de l'immeuble dotal. Et c'est aussi ce que décide la Cour de cassation, dont la jurisprudence est fixée sur ce point. (Arrêt du 29 mai 1839, Ch. réunies.)

Par application des mêmes principes, nous n'hésitons pas à

admettre que le droit d'aliéner entraîne celui de vendre, d'échanger, de transiger. Quant au droit de compromettre, on a dit pour la négative, que le compromis renferme beaucoup plus de dangers que la transaction. Celui qui transige peut défendre lui-même les droits, discuter les prétentions de son adversaire, et fixer d'une manière positive les conditions et les résultats de l'accord, tandis que celui qui compromet semble abdiquer son droit pour le remettre entièrement à la discrétion des arbitres. C'est par ces motifs que l'art. 1989 dispose que le pouvoir de transiger ne renferme pas celui de compromettre. Nous ne saurions admettre cette doctrine ; l'art. 1989 ne parle que d'un mandataire qui ne peut faire que ce qui lui est mandé et qui, chargé de transiger, n'a dès lors aucun pouvoir pour compromettre. Or, tel n'est pas notre cas ; il s'agit ici du propriétaire même de la chose qui, ayant le droit de l'aliéner, d'en disposer, a par là même le droit de compromettre relativement à elle.

Le contrat de mariage permet quelquefois l'aliénation pure et simple ; il peut aussi ne la permettre qu'à la charge de remploi ou de remplacement.

Nous savons qu'en matière de communauté, la clause de remploi est obligatoire pour le mari, mais n'affecte en rien, à l'égard des tiers, la validité de l'aliénation pure et simple faite au mépris de cette clause. Au contraire, sous le régime dotal, lorsque l'aliénabilité est permise sous condition de remploi, la validité de la vente sera subordonnée à la réalisation du remploi, en sorte qu'à son défaut, le tiers serait exposé à payer une seconde fois au moment où la femme pourra l'actionner sans qu'elle fût obligée de discuter préalablement la fortune du mari, ou bien à délaisser l'immeuble, si mieux elle aimait agir en révocation de la vente. La raison de cette différence se trouve dans la na-

ture même des deux régimes matrimoniaux. Sous le régime de communauté, l'aliénabilité est la règle ; sous le
régime que nous étudions, l'immeuble dotal est inaliénable
en principe, il ne devient disponible que sous une condition
déterminée. Si cette condition ne se réalise pas , la règle de
l'art. 1554 reprend son empire et l'aliénation est illicite.
Les tiers sont donc responsables du défaut de remploi ; ils
sont même tenus de son inutilité ou de son insuffisance, s'ils
ont à se reprocher quelque faute grave, comme de n'avoir pas
consulté les titres des nouvelles acquisitions faites par le mari,
où ils auraient pu savoir que des chances imminentes d'éviction menaçaient l'immeuble acquis en remploi , ou bien si la
valeur sociale de l'immeuble dont ils auraient soldé le prix
était eb disproportion notable avec les sommes à remployer.

Le remploi doit être effectué régulièrement de la manière
précise qu'indique le contrat. Si le contrat porte que le mari
seul aura le pouvoir d'aliéner, la vente et l'acquisition faites
par lui seul seront valables ; si, au contraire, il était dit que
l'aliénation ne doit être faite qu'avec le consentement de la
femme, il est clair que le remploi effectué par le mari serait
révocable. Dans le silence des parties contractantes à ce sujet,
la réalisation du remploi n'imprimerait le caractère dotal aux
biens acquis en remplacement des immeubles de la femme ,
qu'à la condition que celle-ci acceptera ou ratifiera en temps
utile les acquisitions faites par le mari. Si la clause de remploi indiquait la nature des biens sur lesquels devait porter la
subrogation, l'acquisition de biens d'une autre nature entraînerait la nullité de l'aliénation.

Le remploi doit s'opérer sur des biens de même nature que
ceux dont l'aliénabilité a été stipulée. Ainsi , un héritage ne
pourrait être remplacé par des valeurs mobilières ou des sûretés hypothécaires. L'intention des parties a été de subroger

aux immeubles aliénés d'autres immeubles qui deviendront dotaux et inaliénables comme les premiers à charge de remploi, à moins qu'il ne résultât des termes du contrat de mariage que la faculté d'aliéner ne concernait que les immeubles mêmes apportés en dot. Il a été jugé par arrêt de la Cour de Caen (8 mai 1838), que le remploi pouvait se faire en actions immobilières de la Banque de France ou en rentes sur l'État, considérées légalement comme des immeubles.

Lorsque le contrat de mariage assigne un certain délai à la réalisation du remploi, nous croyons que la vente ne doit pas être annulée sous le prétexte que le remploi n'a pas eu lieu dans le délai indiqué ; ce délai n'étant qu'une indication pour le mari et non une loi pour l'acquéreur. Les époux qui pouvaient consentir une nouvelle vente de l'immeuble dotal, sont censés avoir ratifié la première en effectuant, après coup, le remploi stipulé.

Le remploi doit être total et comprendre toutes les sommes qui ont été payées à la femme pour prix de son immeuble dotal.

Mais que faut-il décider pour les frais et loyaux coûts de l'achat fait en remplacement du bien de la femme ? Ainsi, quand l'immeuble dotal a été vendu 40,000 fr., suffira-t-il de le remplacer par un autre immeuble, dont le prix est de 38,000 fr. et les frais de 2,000 ? Dans ce cas, la femme sera-t-elle reçue à se plaindre de l'insuffisance du remploi, insuffisance qui pourra augmenter encore par des ventes successives ? Sous l'ancienne jurisprudence, Salviat [1] mettait les frais d'acquisition à la charge du mari, par la raison que c'était dans son intérêt que la clause de remploi avait été stipulée. Un arrêt de la Cour de Caen [2] l'a mise à la charge de l'acqué-

---

[1] *Dot*, p. 408 et 409.
[2] 18 décembre 1837. Dev., 59, 2, 186.

reur de l'immeuble à remplacer. Il se fonde sur ce que la femme a droit de retrouver dans l'immeuble acquis en remploi, l'équivalent de ce qu'elle a aliéné. Sa dot ne peut être diminuée, et elle se trouverait considérablement réduite dans le cas de plusieurs ventes successives. Nous ne pouvons partager cette manière de voir de la Cour de Caen. Il nous semble par trop inique de mettre à la charge d'un étranger des dépenses faites après tout dans l'intérêt de la femme. Si elle a stipulé la clause de remploi, elle a voulu en courir les risques, en tirer les avantages et aussi en subir les inconvénients. La diminution qu'en peut éprouver la dot, est une diminution nécessaire qui résulte de la force même des choses, et qui doit par conséquent retomber sur elle et non sur les tiers acquéreurs. Nous croyons donc avec MM. Troplong[1] et Benech[2], que les frais d'achat seront supportés par la femme qui les prendra sur les paraphernaux si elle en a, et dans le cas contraire sur la dot elle-même.

Nous avons dit que les tiers étaient responsables du remploi ; cette règle n'est cependant pas si absolue qu'elle ne reçoive des exceptions, c'est ce qui arrive lorsque l'aliénation n'est pas volontaire et qu'elle résulte de circonstances qui la rendent nécessaires. L'obligation de remploi n'a en effet été stipulée que pour le cas d'aliénation volontaire; lors donc qu'il y a expropriation pour cause d'utilité publique, on rentre dans les règles générales de la loi du 3 mai 1841. Le tribunal ordonne les mesures qu'il croit nécessaires pour la conservation et le remplacement de la dot. L'obligation de remploi provient alors de la décision du tribunal et ne peut mettre en question la responsabilité de l'adjudicataire[3]. Par la même

[1] *Cont. de mar.*, n° 5629.
[2] *Du remploi*, p. 212.
[3] Rouen, 23 juillet 1845.

raison, le débiteur d'une rente qui paie le capital n'est pas responsable du défaut de remploi, lors même que l'aliénation de la rente aurait été soumise à cette condition. Ce débiteur ne fait en effet qu'user de son droit en payant, et ce droit ne peut recevoir d'atteinte de la part des époux. Il y a ici, comme dans le cas précédent, conversion forcée de la chose dotale.

L'héritage acquis en remplacement devient dotal au moyen de la double déclaration faite par le mari dans le contrat d'acquisition que le prix provient de la vente du bien dotal, et que le nouvel immeuble a été acheté pour satisfaire à la clause de remploi, et il reste lui-même soumis à la clause d'aliénabilité sous les mêmes conditions que l'immeuble qu'il remplace. *Subrogatum sumit naturam subrogati.* Cette faculté laissée au mari de remplacer l'héritage aliénable, à charge de remploi par une série d'acquisitions successives, constitue la différence la plus saillante entre la clause dont nous étudions les effets et celle d'emploi des deniers dotaux. L'une a le plus souvent pour objet d'immobiliser, une fois pour toutes, la dot en argent et de la placer sous la sauvegarde de l'inaliénabilité qui ne protège que la dot immobilière; l'autre, en permettant d'aliéner indéfiniment le fonds dotal, à condition de le remplacer par d'autres immeubles affectés de la même dotalité, pourvoit à la conservation de la dot, en même temps qu'elle offre aux époux le moyen de l'améliorer par d'heureuses spéculations. Mais les deux clauses ont des effets qui leur sont communs. D'abord, le droit pour les débiteurs ou tiers détenteurs des deniers dotaux d'exiger la réalisation de l'emploi ou du remploi stipulé, et de se refuser au paiement tant que le mari ne se met pas en mesure de remplir cette condition, et en dernier lieu, la responsabilité encourue par les débiteurs des deniers ou acquéreurs des immeubles dotaux, dans le cas où ils ne se conformeraient pas pour l'acquittement de leurs dettes aux clauses énoncées dans le contrat de mariage.

Nous venons de voir dans quels cas et à quelles conditions des immeubles qui sont dotaux peuvent être affranchis de la règle de l'inaliénabilité; abordons maintenant les exceptions proprement dites au principe d'inaliénabilité, c'est-à-dire les cas où des immeubles inaliénables peuvent cependant être aliénés. Elles se divisent en deux catégories indiquées dans les art. 1555, 1556 d'une part, 1558 et 1559 de l'autre.

1° La première cause d'aliénation expressément écrite dans la loi est l'établissement des enfants de la femme. C'est, sans contredit, la plus légitime et la plus favorable des exceptions. En effet, les biens engagés dans la dotalité ne sont si précieusement conservés que pour mieux assurer l'avenir et la prospérité de la famille ; les époux qui établissent leurs enfants, en leur donnant une partie des biens dotaux, ne font qu'atteindre ce but de leur vivant. D'ailleurs cette donation n'est pas une véritable aliénation, ce n'est qu'une remise par anticipation de biens qui doivent revenir un jour aux enfants; c'est leur faire arriver un peu plus tôt une fortune dont ils sont quasi-propriétaires. *In suis hæredibus*, dit le jurisconsulte Paul, *evidentius apparet continuationem dominii eorem perducere, ut nulla videatur hæreditas fuisse quasi olim si domini essent, qui etiam, vivo patre, quodammodo domini existimantur ; unde etiam filius familias appellatur sicut pater familias* [1].

C'était ainsi que l'ancienne jurisprudence favorisait cette cause d'exception, par cette raison que la dotation est moins une aliénation qu'une confirmation, sur la tête de l'enfant,

---

[1] L. 11, D. *de lib. et posthum.*

d'une propriété que la loi considère dès ce moment comme lui appartenant. Elle s'inspirait de la loi 12 au Code *ad. Sen. Vellejan*, qui permettait à la femme d'obliger ses biens pour l'établissement de ses enfants.

Mais la loi distingue sagement entre les enfants du premier lit et les enfants communs. Pour les premiers, elle permet à la mère autorisée de son mari de disposer en leur faveur des biens dotaux; mais prévoyant le cas où le mari n'ayant qu'une affection très-restreinte, ou même nulle, pour ces enfants, se refuserait sans des motifs sérieux à autoriser la libéralité de la mère, la loi a voulu que celle-ci pût recourir à la permission de la justice. Seulement, comme le mari n'a accepté les charges du mariage qu'à la condition de jouir de l'intégralité de la dot, il n'eût pas été juste de le déposséder, contre son gré, de la jouissance des biens ainsi donnés sans son consentement, aussi l'article 1558 réserve au cas où la femme n'est autorisée que de justice le droit de jouissance du mari.

Quant aux enfants communs, le législateur a pleine confiance dans l'affection du père. Si celui-ci se refuse à leur établissement, on ne peut recourir à la justice. On doit présumer que le refus du père est fondé sur de justes raisons, et en outre ce serait porter une funeste atteinte à l'autorité paternelle et maritale, et fournir aux enfants le moyen de se marier contre le gré de leur père.

Les enfants dont il est ici question comprennent tous les descendants de la femme. C'est la décision de la loi romaine qui veut qu'à moins d'un motif particulier, le mot enfant soit entendu dans un sens large, dans lequel il faut faire entrer les petits-enfants[1]. Il est évident qu'il y a ici les mêmes rai-

[1] *Liberorum appellatione nepotes, et pronepotes, cœterique qui ex his descendunt, continentur.* l. 220, D. de verb. signif.

9

sons pour eux que pour les enfants; la libéralité qu'on leur fait est aussi un avancement d'hoirie; ce n'est pas un appauvrissement, c'est un moyen de faire prospérer la famille dans ses rameaux les plus éloignés.

Que faut-il entendre par établissement? Nous croyons que ce mot doit être pris dans une acception large; qu'il s'applique à tout ce qui assure à l'enfant une existence indépendante, une industrie lucrative, un état, une position. Ainsi, les fonds dotaux peuvent être employés à l'achat d'une étude, d'un fonds de commerce. Nous pensons même, avec la jurisprudence, qu'ils peuvent être affectés au remplacement militaire ou aux frais d'étude d'un jeune homme; car, si ce ne sont pas là des établissements proprement dits, ce sont des préliminaires indispensables pour que l'enfant puisse s'ouvrir une carrière.

Mais il faut que cet établissement soit solide et qu'il ne présente pas une entreprise hasardeuse. Ainsi, nous n'admettrions pas l'aliénation pour l'établissement d'une société commerciale qui présenterait tous les caractères d'une spéculation en faveur de l'enfant. C'est ce que la Cour de Bordeaux a estimé lorsqu'elle a décidé que l'acquéreur du fonds dotal, aliénable à charge de remploi, qui est assujéti par une des clauses de la vente à verser son prix entre les mains de l'enfant donataire, pourrait faire juger que cette remise est compromettante pour lui et qu'il ne se libérera qu'autant qu'il y aura remploi valablement effectué [1].

[2] Nous pensons, avec M. Troplong, que la femme pourrait cautionner sur ses fonds dotaux la part promise par le mari. Il est vrai que la Cour de Limoges a jugé le contraire dans

[1] Bordeaux, 31 août 1840. Devil., 41, 2, 165, 146.
[2] Troplong (3355. (Cont. de mar.)

un arrêt du 6 janvier 1841. (Dev. 41, 2, 588.) Mais le principal motif invoqué à l'appui de cette jurisprudence n'est point fondé. De ce que la loi, dit-on, autorise une disposition directe en faveur de l'enfant, on ne doit pas conclure qu'elle ait voulu permettre une disposition faite dans l'intérêt et au profit d'un tiers. Mais si la caution profite au tiers, il n'en est pas moins certain que son unique but a été d'assurer et de faciliter l'établissement de l'enfant, et qu'elle rentre bien dans la disposition de l'art. 1556. Il est bien entendu que la donation resterait sur la tête du mari et que la femme conserverait son droit de reprise et d'hypothèque légale.

Il faut que la donation soit faite de bonne foi. Une femme avait constitué en dot à sa fille l'immeuble dotal avec stipulation d'aliénabilité et charge de payer les dettes du père. La Cour de cassation annula cette donation comme un moyen frauduleux imaginé par les époux pour parvenir à l'aliénation de la dot, contrairement aux prescriptions de la loi.

Les art. 1555 et 1556, en accordant à la femme le droit de donner son bien dotal pour l'établissement de ses enfants, l'autorise implicitement à hypothéquer *ou à s'obliger personnellement*. Nous sommes ici dans une situation toute favorable à l'interprétation extensive : tous les arrangements destinés à faciliter l'établissement des enfants méritent d'être encouragés, parce qu'ils répondent à la fin du mariage et au vœu de la loi ; cette interprétation est d'ailleurs avantageuse pour la femme, qui peut ainsi éviter le morcellement de ses propriétés en consentant un emprunt hypothécaire. De plus, la combinaison de l'art. 1554 : Les immeubles constitués en dot ne peuvent être aliénés ou hypothéqués... *sauf les exceptions qui suivent ;* avec le dernier alinéa de l'art. 7 du Code de commerce ainsi conçu : Les immeubles stipulés dotaux ne peuvent être hypothéqués ni aliénés que dans les cas déterminés et avec les formes réglées par le Code civil, ne laisse aucun doute sur la volonté du législateur que les immeubles dotaux puissent être hypothécairement engagés dans les mêmes cas où l'aliénation est exceptionnellement permise par la loi. La défense d'hypothéquer posée par l'art. 1554, doit être levée dans les mêmes circonstances où la loi a formellement écarté la prohibition d'aliéner, c'est-à-dire dans les exceptions prévues par les art. 1555, 1556, 1557 et 1558. Et ici, nous devons remarquer qu'en mentionnant l'art. 1557 parmi ceux qui permettent l'hypothèque, nous ne nous mettons pas en contradiction avec ce que nous avons dit relativement à la stipulation d'aliéner renfermée au contrat de mariage, par la raison que ce n'est pas sur le sens de cet article 1557 que nous avons basé notre solution, mais sur la commune intention des parties qui doit être entendue d'une manière restrictive.

La doctrine que nous venons d'exposer a été confirmée par un arrêt de la Cour de cassation du 1er avril 1845, rendu au rapport de M. Troplong.

Il s'agissait en fait d'une mère, mariée sous le régime dotal, qui, voulant favoriser l'achat d'une étude d'avoué pour son fils, s'était engagé solidairement avec ce fils pour le prix de l'étude et avait promis une hypothèque de garantie.

« Considérant que l'intérêt des enfants et l'avantage de leur établissement ont paru avec raison au législateur devoir faire fléchir le principe de l'inaliénabilité de la dot ;

» Que cette exception est si favorable, que l'art 1556, s'en rapportant à la tendresse et à la sagesse des parents, n'a pas exigé l'intervention du juge, comme il l'a fait par les art. 1558, et s.;

» Que le pouvoir de donner, conféré à la femme par ledit art. 1556, peut s'exercer par tous les moyens directs et indirects, de nature à procurer ou à faciliter un but aussi pieux que celui dont il s'agit ;

» Que la renonciation de la femme à son hypothèque légale est, au regard du fils, dont elle assure l'établissement, une véritable libéralité et qu'il n'y a pas lieu dès lors de se livrer à des distinctions contraires à la généralité du texte et inapplicables dans une matière qui n'a aucune parité avec le cas prévu par l'art. 1557, etc. »

Les art. 1558 et 1559 renferment une nouvelle classe d'exceptions au principe de l'inaliénabilité dotale. Elles sont toutes fondées sur des motifs de haute convenance et d'impérieuse nécessité. Mais comme ici les collusions entre les époux pour violer les règles de la dotalité sont plus à craindre que dans les cas prévus par les art. 1555 et 1556, la justice doit intervenir pour examiner si l'aliénation est réellement utile et si les circonstances sont telles qu'il y ait lieu de l'autoriser.

L'immeuble dotal peut encore être aliéné, nous dit l'art. 1558, 1° pour tirer de prison le mari ou la femme.

Peu importe à quel titre a lieu la détention ; la loi ne distingue pas entre la prison civile, commerciale ou criminelle. Dans tous les cas, en effet, la privation de la liberté de l'époux est une chose grave qui apporte le plus grand dommage au conjoint, aux enfants et aux affaires de la famille. S'il s'agit de la femme, sa propriété ne saurait être mieux employée qu'à lui procurer la liberté et quand elle vient au secours de son mari « c'est de sa part, en quelque sorte, s'obliger pour elle que de s'engager pour rompre les chaînes du mari qui est son chef et qui tient le timon des affaires domestiques ; parce que, comme dit Louet, la prison du mari est celle de la femme et la liberté de l'un est celle de l'autre [1]. »

[1] Roussilhe, *de la dot*, t. 1, p. 427.
Ord. de la marine, 1681, art. 12, t. 6. l. 3, 20 et 21. *ff. solut mat.*

Nous déciderons, par les mêmes raisons et avec l'ancienne jurisprudence et les jurisconsultes romains, que sous le mot de prison on doit comprendre l'esclavage.

M. Marcadé veut que, pour que l'aliénation soit permise, l'époux soit actuellement emprisonné et qu'il ne suffirait pas de la crainte d'un emprisonnement imminent. La raison qu'il donne à l'appui de son opinion est que la fraude serait trop à craindre dans ce cas, et que le texte est trop formel, puisque la loi ne parle que de *tirer* de prison. Nous ne saurions adopter cette décision. Elle est par trop contraire à l'esprit de la loi. Pourquoi laisser consommer l'emprisonnement? Pour éviter la fraude? Mais ne vaut-il pas mieux prévenir une fâcheuse extrémité que d'avoir à y remédier? Les époux ne peuvent-ils pas établir qu'ils sont dans un dénuement absolu, et les tribunaux, qui ont le droit d'accueillir ou de repousser la demande des époux, ne peuvent-ils pas s'assurer de leur sincérité? Sans doute la fraude est possible dans ce cas, mais elle l'est également dans toutes les hypothèses et c'est précisément pour cette raison que la loi a exigé l'intervention de la justice. Enfin, il importe essentiellement à la considération de la famille que l'honneur de ses chefs demeure intact et il serait, selon nous, bien dur, sinon injuste, à la loi d'exiger qu'ils subissent cette humiliation avant de consentir à venir à leur secours. Par des motifs analogues, nous déciderions que la dot doit pouvoir répondre du cautionnement fourni par la femme pour éviter au mari la prison préventive qui atteindrait au plus haut degré l'honneur et le bien-être de la famille. La vente de l'immeuble dotal devrait encore être permise, bien que l'époux eût la faculté d'obtenir sa liberté en faisant cession de biens : car la cession de biens est une ressource extrême et déshonorante et qu'en outre la loi ne fait pas de distinction.

Que décider dans le cas où les époux demanderaient à
aliéner pour tirer de prison leurs proches parents ? La loi est
muette à cet égard. En raisonnant par analogie, nous dirons
que la loi, permettant la disposition du bien dotal pour l'établissement des enfants, ne peut raisonnablement en interdire
l'aliénation lorsqu'il s'agit de leur bien le plus précieux, la
liberté. Nous déciderons donc, avec le Droit romain et l'ancienne jurisprudence, que l'aliénation sera permise pour faire
cesser l'emprisonnement de toutes les personnes en faveur
desquelles la loi impose aux époux l'obligation de fournir des
aliments. Cette solution, qui ne se trouve pas dans le texte de la
loi, s'appuie spécialement sur les intentions des rédacteurs de
notre art. 1558. Ils voulaient en effet qu'on ne s'en tînt pas
servilement à la lettre des exceptions formulées dans notre
article. M. Portalis, interrogé par le Consul Cambacérès, qui
exprimait l'opinion que « les causes qui devaient rendre la
» dot aliénable étaient énoncées d'une manière trop vague et
» trop générale » lui répondit que la section de législation
s'en était référée à la jurisprudence pour l'explication de cet
article [1].

C'est à la femme qu'il appartient de demander la permission d'aliéner sa dot. Il dépend d'elle de s'y refuser. La
permission de la justice obtenue par le mari seul ne suffirait
pas pour valider l'aliénation ; le magistrat n'a pas le pouvoir
d'ôter à sa femme son droit de propriété. Le consentement
du mari n'est en aucun cas requis pour la validité de l'aliénation, même lorsqu'il s'agit de tirer la femme de prison, bien
que cette solution puisse faire doute quant au droit de jouissance du mari. Nous pensons cependant que l'application de
l'art. 1424 doit être repoussée dans ce cas comme inoffi-

---

[1] V. 73, § 1, *De jure dotium*, 20 et 21, *solut. mat.*

cieuse et n'étant permise qu'en matière de communauté.
N'oublions pas que c'est aux tribunaux seuls, qu'il appartient
de juger de l'opportunité de l'aliénation, qu'il faut leur jus-
tifier d'une incarcération sérieuse et que même alors ils ont
le pouvoir de repousser la demande de la femme si elle offre
des dangers pour la famille; par exemple, si le mari incar-
céré est un dissipateur incorrigible dont la mise en liberté
ne sera que l'occasion de nouvelles charges et de nouvelles
dépenses.

Enfin, lorsque la femme a payé les dettes de son mari
avec le produit de sa dot, pour lui rendre la liberté, il est
évident que celui-ci ne doit pas s'enrichir à ses dépens et
qu'il est tenu, s'il revient à meilleure fortune, à indemniser
sa femme de ce qu'elle a dépensé pour lui. C'est ce que décidait l'art. 841 de la Cout. de Normandie et la raison et
l'équité veulent qu'il en soit de même dans notre législation.
On doit appliquer la même règle lorsque la femme a pourvu
aux nécessités du ménage en fournissant des aliments, car
les revenus dotaux seuls sont mis à la disposition du mari
pour faire face aux besoins quotidiens de la famille dont il est
chargé principalement. Si donc la dot est elle-même affectée à
ces besoins, c'est à défaut de tous les autres moyens d'existence. La femme acquitte ainsi une dette du mari, il est donc
juste que si des événements postérieurs permettent au mari
de concourir aux dépenses du ménage même déjà effectuées, il
ne faut pas les faire peser sur le capital de la dot, qui doit
toujours être conservé quand il reste d'autres moyens de sa-
lut [1]. Par application de ces principes, la Cour de Nîmes con-
damne les héritiers du mari redevenu solvable à rendre le

---

[1] 24 août 1842. Dev., 1. 2, 2, 47. Nîmes.

prix provenant de l'immeuble dotal, aliéné dans des circonstances plus malheureuses.

2° L'aliénation de la dot est permise pour fournir des aliments à la famille.

La dot est précisément mise en réserve et conservée pour pourvoir à cette destination naturelle, car, avant de ménager et de conserver, il faut pourvoir aux nécessités de chaque jour. *Necare videtur qui alimonia denegat.* La dot pourra donc être aliénée pour procurer des aliments dans les cas prévus par les art. 203, 205 et 206 du C. N. Le mot aliments doit être pris dans un sens large. Il comprend la nourriture, les vêtements, l'habitation, les remèdes en cas de maladie et même l'éducation des enfants, qui a toujours joui d'une faveur aussi grande que la subsistance. Il est évident que la dette alimentaire étant commune aux deux époux, le mari ne saurait être reçu à demander la réserve de son usufruit.

3° La dot peut encore être aliénée pour payer les dettes de la femme ou de ceux qui ont constitué la dot, lorsque ces dettes ont une date certaine antérieure au contrat de mariage.

Rien de plus conforme aux principes de droit que cette disposition concernant la permission de vendre les fonds dotaux pour payer les dettes de la femme antérieures au mariage.

Nous avons vu que les dettes contractées par la femme durant le mariage ne pouvaient être poursuivies sur les biens dotaux même après la dissolution de l'union conjugale, parce que ce serait donner à la femme un moyen de disposer de sa dot après sa constitution et une voie indirecte et facile d'arriver à l'aliénation que la loi a voulu proscrire dans l'art. 1554.

Mais, pour les dettes antérieures au contrat de mariage, les principes généraux doivent recevoir leur application, puisqu'il n'y a plus aucun motif d'y déroger, et il est reconnu universellement que les créanciers ont droit d'exécuter les obligations personnelles de la femme antérieures au pacte nuptial, sur ses biens dotaux immobiliers. Elle en a en effet conservé la propriété. Elle est débitrice, et d'après l'art. 2093, C. N., les biens du débiteur sont le gage commun de ses créanciers. Ce n'est donc pas aux créanciers, comme l'enseigne M. Toullier, qu'il peut s'agir d'accorder la permission d'aliéner le bien dotal, puisque ce droit leur appartient de droit, mais bien à la femme elle-même qui, dans la pensée du législateur, voudrait aliéner la dot pour aller au-devant de ses créanciers et les payer spontanément sans être contrainte d'attendre une expropriation forcée fort coûteuse, ou une accumulation d'intérêts prolongée. Il est évidemment plus avantageux pour elle dans ce cas, si elle n'a pas d'autres ressources pour se libérer, de vendre immédiatement une partie de sa dot pour satisfaire avec le prix les exigences des créanciers.

Il ne faudrait pas conclure de ce que nous avons dit du droit direct de poursuite des créanciers de la dot antérieure du mariage, qu'ils aient tous indistinctement le droit de se faire payer sur les biens dotaux. Nous devons d'abord signaler à cet égard une importante distinction à faire entre les créanciers de la femme et ceux du tiers qui auraient constitué la dot, puis nous distinguerons encore trois hypothèses différentes pour les droits des créanciers personnels de la femme.

Ou la femme s'est constitué tous ses biens et alors il est évident qu'ils doivent être soumis à l'acquittement des dettes dont nous parlons, parce que le mari a reçu en dot une universalité de biens et qu'il est de règle que les universalités comprennent toujours les charges et dettes qui la grèvent : *Bona non intelliguntur nisi deducto œre alieno.* Le mari est censé avoir accepté les avantages ee les inconvénients de ce genre de constitution. *Ubi emolumentum, ibi et onus.* C'est d'ailleurs la condition de tout usufruitier universel ou à titre universel.

Ou la femme s'est constitué en dot des biens particuliers affectés d'hypothèque, le mari est également tenu de souffrir la déduction des dettes. L'hypothèque est une charge réelle qui affecte le fonds et ne peut recevoir aucune atteinte des actes consentis par le débiteur.

Enfin, la dot peut consister en objets particuliers libres d'hypothèque. Les créanciers peuvent encore, il est vrai, considérer ces biens comme leur gage, puisqu'ils ne sont pas sortis du patrimoine de leur débiteur; mais, dans ce cas, à l'encontre de leur droit de poursuite, surgit le droit d'usufruit du mari. Celui-ci, en contractant avec la femme, lui a promis, pour toute la durée du mariage, son entretien et celui de ses enfants, et en retour, celle-ci lui a cédé la jouissance des biens dotaux. On ne saurait donc nier que le droit d'usufruit du mari sur la dot n'ait été acquis à titre onéreux, et, en cette qualité, d'après les principes généraux, ce droit n'est pas attaquable par les créanciers chirographiaires antérieurs. Sous ce rapport, la constitution dotale est assimilée à une vente et doit avoir pour effet de différer les poursuites des créanciers de la femme quant à l'usufruit des biens dotaux, jusqu'après la dissolution du mariage. Cependant, si la constitution de dot avait eu lieu en fraude des créanciers, il est clair qu'elle ne leur serait pas opposable. Il y aurait lieu de faire application de l'art. 1167, en établissant à cet effet la mauvaise foi du mari qui connaissait à l'époque du mariage le mauvais état des affaires de la femme et son intention de frustrer les créanciers par une constitution dotale.

Cette solution est généralement adoptée par les auteurs.

Cependant elle est contredite par quelques-uns, notamment par M. Marcadé, qui décide que les créanciers chirographaires ne sauraient saisir et exproprier même pour la nu-propriété l'immeuble dotal : Le patrimoine de la femme, nous dit cet auteur, est divisé par la loi en deux parties, dont l'une, les biens paraphernaux, reste libre et forme toujours le gage des créanciers d'après l'art. 2093, tandis que l'autre, composée de biens dotaux, est soustraite à son droit de disposition et se trouve sous ce rapport dans la même condition que s'il s'agissait des biens d'un tiers. Cela étant, il s'ensuit nécessairement que la femme a fait, d'une manière efficace envers ses créanciers, passer un immeuble de son patrimoine libre dans son patrimoine inaliénable; les créanciers ne peuvent pas plus l'exproprier que s'il était passé de ce patrimoine libre dans le patrimoine d'un tiers [1].

Malgré ce que cet argumentation présente de spécieux, nous nous en tenons à l'opinion que nous avons d'abord exposée. Il nous est difficile d'admettre cette assimilation entre le patrimoine dotal de la femme et les biens d'un tiers, et les principes se refusent à considérer l'immeuble affecté de dotalité comme un fonds aliéné et à lui en appliquer les règles [2].

Nous venons d'examiner les différentes hypothèses dans lesquelles l'expropriation des immeubles dotaux peut avoir lieu pour le paiement des dettes personnelles de la femme. Nous avons dit que les époux, en s'adressant à la justice, avaient la faculté de prévenir les poursuites des créanciers. Ajoutons que si l'autorisation doit être accordée pour ce cas de poursuite imminent, elle doit encore l'être même lorsqu'il s'agit de dettes dont les créanciers n'auraient pas le droit de poursui-

---

[1] Marcadé. V. art. 1558.
[2] Tessier, note 642. Duranton XV, 512. Pont et Rodière, II, 518. Troplong, 3461.

vre le paiement sur les biens dotaux pendant le mariage. En effet, c'est surtout pour ce cas que notre article a été fait, puisque dans tous les autres l'autorisation de justice n'est pas indispensable pour procéder à l'aliénation et que les créanciers ont conservé le droit de saisir l'immeuble dotal, indépendamment de la volonté de la femme. La décision contraire serait très-préjudiciable à la femme. Elle pourrait même entraîner sa ruine. Admettons un moment qu'elle n'ait pas la faculté d'aliéner l'immeuble dotal avec permission de justice et supposons-lui une dette dont les intérêts soient de 8 % et point de paraphernaux pour les acquitter. Qu'arrivera-t-il ? L'immeuble dotal ne rapportant annuellement presque toujours que 2 $\frac{1}{2}$ %, l'accumulation des intérêts amènera sa ruine certaine, si cette situation se prolonge, puisque la somme tirée des intérêts finira par atteindre, peut-être même par dépasser la valeur de l'immeuble dotal à la dissolution du mariage.

L'aliénation peut encore être demandée à la justice pour acquitter les dettes de ceux qui ont constitué la dot, puisque dans ce cas la femme peut se trouver exposée, faute de paiement, à des exécutions sur les biens dotaux. Pour savoir dans quels cas ces biens seront passibles des dettes laissées par le constituant, il faut établir des distinctions analogues à celles que nous avons présentées précédemment.

La femme a-t-elle reçu une donation universelle de biens présents, ou une institution contractuelle portant sur les biens présents et à venir (1074), elle est tenue, jusqu'à concurrence des biens qu'elle aurait recueillis, bien qu'ils fussent entrés dans une constitution dotale, des dettes du donateur au moment de la disposition.

A-t-elle reçu une donation de biens à titre particulier, grevés d'hypothèques, elle est tenue, comme tiers détenteur de biens hypothéqués, de payer ou de délaisser. Les biens parviennent-ils libres entre ses mains, elle n'est point responsable des dettes du constituant, à moins que les créanciers n'établissent que la libéralité a été faite en fraude de leurs droits, encore ne peuvent-ils agir que sur la nu-propriété, s'ils ne prouvent en outre que le mari a été complice de la fraude.

Enfin, une femme mariée sous une constitution de tous ses biens présents et à venir, peut recueillir des donations universelles et successions *ab intestat*. Ces biens deviennent dotaux. Dans ce cas, il faut appliquer dans toute sa rigueur la maxime *bona non intelliguntur nisi deducto œre alieno*. Ces biens seront tenus de toutes les dettes qui pesaient sur le donateur ou sur le défunt, sans que le principe de dotalité apporte la moindre dérogation aux principes généraux en matière de contribution aux dettes. (724, 1086.)

Il est bien évident que dans cette dernière hypothèse il n'est pas nécessaire, pour que la femme soit tenue au paiement des dettes, qu'elles aient une date certaine antérieure au mariage. Il suffit que cette date soit certaine au moment où la femme recueille le droit auquel elle est appelée. Notre article, en effet, ne parle que des dettes ayant acquis date certaine antérieurement au mariage, conformément aux prescriptions légales de l'art. 1328. Toutefois, on a admis une exception à ces présomptions en faveur du commerce. La Cour de cassation a jugé que les porteurs des lettres de change souscrites par la femme marchande publique peuvent poursuivre leur paiement sur les biens dotaux, lors même que leurs titres n'auraient pas acquis date certaine avant le contrat de mariage, pourvu qu'il y ait preuve acquise de leur antériorité[1]. Les dettes qui n'ont acquis date certaine qu'après la confection du contrat de mariage, mais avant la célébration, ne donnent

---

[1] Cass., 1er décembre 1830, D. 31, 1, D.

pas droit de poursuite sur les immeubles dotaux. On a expliqué cette disposition du législateur par la raison que ces dettes diminueraient les avantages que le mari se promettait de la constitution de dot. Mais il en résulte que les époux eux-mêmes ne peuvent se faire autoriser judiciairement à vendre l'immeuble pour éteindre cette dette et c'est là un grave inconvénient. Car la nécessité d'attendre la dissolution du mariage pour acquitter ces obligations, peut amener d'une manière infaillible la ruine de la femme par l'accumulation des intérêts. Ces obligations ayant une existence en soi peuvent toujours être exécutées après la dissolution du mariage; elles pourraient même l'être pendant la durée, si le mari, dont le droit est le seul obstacle à cette exécution, renonçait à s'en prévaloir.

Quant aux dettes qui sont postérieures au mariage, il n'y a que celles qui ont pour cause les aliments qui peuvent se payer sur la dot; les autres, même celles qui résulteraient des engagements de la femme commerçante, ne s'exécutent pas sur les biens constitués dotaux. Toutefois, il existe certaines exceptions qui, sans être écrites dans la loi, sont commandées par la nature des choses.

Ainsi, quand la femme s'est rendue coupable d'un délit, ses immeubles dotaux répondent des réparations auxquelles elle est condamnée. Le principe de cette disposition se trouve dans la loi romaine[1]. Il est reproduit dans notre ancienne jurisprudence et adopté par la presque universalité des auteurs modernes. L'inaliénabilité protège la femme contre des engagements contractuels, mais elle ne peut la mettre à couvert de ses méfaits et lui assurer l'impunité. Ce serait violer toute notion de morale et d'ordre public. D'ailleurs, le mineur

---

[1] L. 3, D. *de bonis damnat.*

n'est pas protégé contre son délit; pourquoi la femme majeure serait-elle irresponsable ? Mais l'exécution n'aura lieu sur le bien dotal qu'en respectant le droit d'usufruit du mari, à moins qu'il n'ait été complice du délit de sa femme. Tout ce ce que nous venons de dire s'applique pour les mêmes motifs, lorsqu'il ne s'agit que de quasi-délits dont le dédommagement rentre dans les attributions exclusives du tribunal civil.

4° L'aliénation de la dot est encore permise pour faire de grosses réparations indispensables pour la conservation de l'immeuble dotal. Cette exception se comprend facilement. Mieux vaut ne conserver qu'une partie de la dot que de la laisser périr tout entière. Le mari qui a sur les biens dotaux un droit de jouissance, est tenu, dit l'art. 1562, de toutes les obligations de l'usufruitier ; or, ces obligations ne consistent qu'en réparations d'entretien. Les grosses réparations restent donc à la charge de la femme qui est propriétaire. On devra les prendre sur les paraphernaux, ou sur les revenus de la dot, et ce n'est qu'au cas d'insuffisance de ces biens qu'il sera permis d'aliéner une partie du fonds dotal pour conserver le reste. On devrait même l'aliéner en totalité plutôt que de l'exposer à une ruine irrémédiable. Mais il faut que les réparations soient indispensables. Si elles n'étaient qu'utiles ou donnant plus de valeur au fonds dotal, l'autorisation d'aliéner devrait être refusée aux époux. La loi n'a pas voulu favoriser des spéculations toujours aventureuses : tout au plus devrait-on permettre l'aliénation d'une partie de la dot pour payer les ouvriers ou entrepreneurs, quand il serait établi par une enquête que les nouvelles constructions terminées auraient procuré à la dot une augmentation réelle de valeur. *Nemo cum alterius detrimento locupletior fieri debet.*

Il arrive quelquefois que les travaux de réparation, ou les

emprunts faits à cet effet, sont opérés avant d'avoir obtenu l'autorisation, à cause de l'imminence même du péril qui menace l'immeuble dotal. Dans ce cas, nous pensons que si les époux ont agi de bonne foi et sous la pression d'une nécessité réelle, il n'est pas dans la pensée de la loi de leur refuser l'autorisation qu'ils viendraient solliciter après coup de la justice.

Parmi les dépenses faites pour la conservation de l'immeuble dotal, se trouvent souvent les dettes que la femme a contractées à l'occasion des contestations relatives à son bien dotal ; en général, elles doivent être acquittées sur les fruits et intérêts de la dot, mais en cas d'insuffisance de ses revenus et en l'absence de biens paraphernaux, seront-elles recouvrables sur le capital ? Nous nous prononcerons pour l'affirmative, par assimilation entre ces dépenses et celles des grosses réparations. Ainsi, lorsque la femme a intenté une action en séparation de biens contre le mari qui dissipait sa dot, nous ne doutons pas que les frais qu'elle a faits pour sauver le patrimoine de ses enfants et le sien, s'ils ne peuvent être récupérés sur le mari insolvable, ne soient recouvrables sur la dot. L'avoué, envers qui elle a contracté une obligation dans le but de sauver sa dot, doit être payé sur le bien dotal. Il doit en être de même des frais de tous les procès dotaux qui seraient intentés par le mari. C'est là une conséquence forcée de l'exercice des actions dotales que la loi a remises entre ses mains. Ne serait-il pas injuste qu'il fût libre d'intenter des actions contre les tiers en faveur de la dot, que ceux-ci fussent obligés d'y répondre avec la perspective ou de perdre leur procès ou, s'ils triomphent, d'en supporter les frais. Mais il est évident que s'il s'agit d'une contestation qui n'intéresse pas la dot de la femme, on ne peut adopter la même solution et qu'il faut, dans le silence absolu de la loi, refuser d'une manière rigoureuse le recouvrement des frais et des dépens sur l'immeuble dotal.

5° Enfin, l'aliénation peut encore avoir lieu lorsque l'immeuble dotal se trouve indivis avec des tiers et qu'il est reconnu impartageable.

Cette exception prend sa source dans un principe de raison : Nul n'est tenu de demeurer dans l'indivision. Le principe d'inaliénabilité fléchit donc dans ce cas devant un motif d'ordre public et de nécessité.

Il faut remarquer que notre article ne parle que de l'immeuble indivis impartageable ; si donc le fonds était partageable en nature, rien ne ferait obstacle à un partage amiable, le lot tombé dans la part de la femme est censé avoir été seul constitué en dot *ab initio*.

Il faut que l'immeuble soit impartageable. On comprend qu'alors la loi exige l'autorisation de la justice parce que la licitation est nécessaire et qu'il s'agit de la conversion de la dot immobilière en valeurs mobilières, chose si grave qu'elle ne pouvait laisser les époux maîtres d'y consentir à la légère. Le devoir du juge sera précisément de vérifier si réellement l'immeuble est impartageable, et de ne permettre la vente que lorsque l'immeuble n'est pas susceptible de division matérielle. Il pourra encore interdire la vente dans le cas où le mari solliciterait seulement la faculté de vendre la part indivise de la femme sans provoquer la licitation à l'égard des autres co-propriétaires. Il s'agit alors d'un parti qui peut amener des résultats fort incertains et dont il faut laisser aux tribunaux le soin d'apprécier la convenance et l'utilité.

L'indivision doit en outre exister avec des tiers. Si les biens engagés dans une constitution de dot n'étaient indivis qu'entre la femme et le mari, comme l'administration et la jouissance en seraient réunies sur la même tête, les époux n'auraient aucun intérêt à sortir de l'indivision tant que dure le mariage. Ce ne serait que dans le cas où un jugement de séparation aurait rendu à la femme la gestion de ses biens que la nécessité d'une licitation pourrait se faire sentir.

Dans le cas où la femme deviendrait propriétaire par licitation de la totalité de l'immeuble sur lequel elle avait un droit indivis, il n'y aurait de dotal que la portion de l'immeuble correspondante à ce droit. Le reste deviendrait paraphernal, à moins que la femme ne se fût constitué en dot tous ses biens présents et à venir. Si c'était le mari qui s'en était rendu adjudicataire, soit en son nom personnel, soit au nom de sa femme, il est censé avoir acheté pour celle-ci ; en sorte que la propriété repose sur la tête de son conjoint, qui aura à la dissolution du mariage le droit d'option conféré par l'art. 1408 du C. N. Cette disposition a, en effet, été admise sous le régime de communauté, afin d'éviter les abus auxquels le mari pourrait se livrer ; la même considération est applicable aux biens dotaux, dont le mari a l'administration et la jouissance. Du reste, l'immeuble acquis par le mari ne sera dotal que pour la part constituée en dot, à moins que la constitution dotale ne fût de tous biens présents et futurs. Si l'immeuble indivis a été adjugé à l'un des co-propriétaires, la part qui revient à la femme dans le prix sera substituée à la portion qu'elle avait dans l'immeuble.

L'art. 1558, dans son premier alinéa, nous dit que la vente de l'immeuble dotal n'est permise qu'avec l'autorisation de justice et aux enchères après trois affiches. Ce texte doit être complété par l'art. 997 (alinéas 2 et 3) du Code de procédure révisé par la loi du 2 juin 1841, lequel dispose : « Lorsqu'il y aura lieu de vendre les immeubles dotaux dans les cas prévus par l'art. 1558, la vente sera préalablement autorisée sur requête par jugement rendu en audience publique. Seront au surplus applicables les art. 955, 956 et suivants, au titre de la vente des biens immeubles appartenant à des mineurs. Comme l'art. 959 du Code de procédure n'exige pour la vente des biens immeubles appartenant à des mineurs qu'une seule apposition d'affiches, nous pensons que l'art. 1558 du Code civil, qui exigeait trois affiches, c'est-à-dire trois appositions successives, se trouve abrogé sur ce point par la loi du 2 mai 1841, relative aux ventes judiciaires. D'ailleurs, cette loi a remplacé avantageusement les 2e et 3e affiches par l'insertion qui doit être faite dans les journaux.

L'autorisation doit être demandée par la femme, puisque c'est elle à qui la propriété appartient. Cependant le mari peut lui-même la demander et l'obtenir contre le gré de sa femme dans tous les cas où l'immeuble est menacé, à condition toutefois de la mettre en cause, puisqu'en définitive c'est à elle que l'aliénation importe au plus haut degré. Le mari puise ce droit dans ses pouvoirs d'administrateur et surtout d'usufruitier, qui seraient gravement compromis par une saisie imminente ou par des détériorations graves de l'immeuble. Cette autorisation, nous l'avons dit, n'est exigée que si les époux prennent eux-mêmes l'initiative pour l'aliénation. Lorsqu'elle est provoquée par les tiers, ils ne sont tenus que de se conformer aux règles ordinaires de la procédure.

Dans les quatre premiers cas prévus par l'art. 1558, la demande d'autorisation doit être portée devant le tribunal du domicile conjugal comme étant le seul à même d'apprécier si les époux n'ont pas d'autres ressources que l'aliénation de la dot pour parer aux besoins imprévus de leur situation [1]. Mais lorsqu'il s'agit d'autoriser la licitation d'un immeuble que les époux prétendent impartageable, nous croyons que c'est le

---

[1] Rodière et Pont, *Cont. de mar.*, t. II, p. 411.

tribunal de la situation qui est compétent, conformément aux règles générales en matière de partage. Les formalités de l'art. 1558 sont exigées sous peine de nullité; mais la question est de savoir si, ces formalités ayant été remplies, l'aliénation est tellement ferme et stable que la femme ne soit pas recevable à l'attaquer.

Les actes judiciaires qui permettent l'aliénation de la dot ne sont pas des jugements proprement dits. Il leur manque en effet un des éléments essentiels pour constituer l'autorité de la chose jugée, je veux parler de la contestation, du débat contradictoire entre deux parties adverses sur lequel la justice a eu à se prononcer. Mais comment admettre la femme à revenir sur des actes examinés mûrement par le juge, décidés par lui en connaissance de cause et destinés à réagir sur des tiers? Quelle sécurité laisse-t-on aux tiers? Comment pourraient-ils contracter avec la femme, s'ils étaient exposés à voir remettre en question des faits qu'ils n'ont pu vérifier et qu'ils ont dû tenir pour avérés sur la déclaration du tribunal chargé de les apprécier?

Disons d'abord que la femme n'a pas à revenir sur les adjudications consommées de ses immeubles dotaux, le principe de l'inaliénabilité ne pouvant prévaloir, comme nous le verrons, contre la stabilité des ventes judiciaires. Par conséquent les tiers qui, en se conformant aux formalités prescrites par notre article, auraient acquis les biens de la femme, seraient à l'abri de toute recherche.

C'est seulement au cas où la femme aurait emprunté à la suite d'une autorisation donnée à cet effet et qu'elle prétendrait dénuée de fondement, que la question peut s'élever, et alors nous adopterions une distinction proposée par MM. Troplong [1] et Marcadé [2].

[1] Trop., 4, n° 5493.
[2] Marc., 1558.

La femme se borne-t-elle à attaquer le jugement en se fondant sur l'inexactitude des faits qui ont servi de base à l'autorisation de consentir l'emprunt, elle n'est pas recevable. Pourquoi ? parce que l'acquéreur serait trompé ; que son erreur est invincible, et qu'on ne saurait revenir sur des faits que le tribunal seul était légalement chargé d'apprécier ; c'est ce qui a été décidé par un arrêt de la Cour de cassation du 17 mars 1847 [1] dans une espèce où un tiers avait prêté de bonne foi à la femme dûment autorisée pour délivrer le mari d'une incarcération qui n'était pas sérieuse. Dans ce cas, la femme conserverait seulement son recours contre les auteurs ou les complices des manœuvres qui auraient lésé ses intérêts [2].

Mais si l'autorisation était intervenue dans un cas où l'inaliénabilité de la dot n'aurait pas reçu d'exception, la question de savoir si elle est également inattaquable devrait être résolue dans un sens négatif. Le tribunal s'est mis au-dessus de la loi, il a enfreint une règle d'ordre public. Il faut rentrer dans la loi. C'est ce qui a été décidé par arrêt de la Cour suprême du 26 avril 1842. Il s'agissait dans l'espèce d'une autorisation accordée à la femme de souscrire des obligations non pour retirer son mari de prison, mais pour prévenir son incarcération. La Cour pensa que « les tiers avaient » dû voir que le jugement d'autorisation avait été donné hors » des termes de l'art. 1558 [3]. » Sans doute, les tiers n'ont pas agi prudemment en aventurant leurs deniers entre les mains de la femme, sans consulter le titre sur lequel elle s'appuyait

[1] Dev., 47, 1, 576.
[2] V. n° 5440, Trop., 25 juillet 1842.
[3] Il faut remarquer que, contrairement à l'opinion que nous avons soutenue plus haut, la Cour de cassation n'admet pas l'aliénation du fonds dotal pour prévenir l'incarcération. Suivant sa jurisprudence, l'aliénation ne peut être autorisée que pour emprisonnement consommé.

pour emprunter, et où ils auraient pu reconnaître l'erreur de la justice. Mais il faut avouer qu'il est bien rigoureux de vouloir que le tiers qui traite avec la femme soit mieux instruit de la loi que le tribunal, et c'est là un des cas où les conséquences de la dotalité se font sentir le plus durement contre eux.

Une nouvelle exception du principe d'inaliénabilité résulte de l'art. 788 du Code de procédure qui remplace l'ancien art. 733 du même Code, modifié par la loi du 2 juin 1841 sur les ventes judiciaires. Cet article dispose *que les moyens de nullité, tant en la forme qu'au fond,* contre la procédure qui précède la publication du cahier des charges, devront être proposés, à peine de déchéance, trois jours au plus tard avant cette publication.

Il faut supposer, pour nous trouver dans le cas de cette exception que l'immeuble dotal a été exproprié en dehors des cas prévus par l'art. 1558 du C. N., comme par exemple, dans le cas où la femme ayant un immeuble en partie dotal et en partie paraphernal, ses créanciers l'ont frappé de saisie réelle et en ont poursuivi l'adjudication. La femme n'a pas revendiqué dans le délai précité son immeuble dotal, mal à propos compris dans une saisie immobilière. La question est de savoir si elle sera irrévocablement déchue de son privilége. Ce cas s'est présenté plusieurs fois et il a soulevé de vives controverses. Deux principes d'ordre public se trouvent ici en présence. D'un côté, la règle de la stabilité des ventes judiciaires qui ordonne le maintien de l'adjudication, de l'autre, le principe d'inaliénabilité qui réclame son annulation dans l'intérêt de la conservation de la dot.

Porté sur le terrain de l'art. 728 du Code de procédure, le combat paraît bien difficile à soutenir dans l'intérêt de la dotalité. Sous l'empire de l'ancien art. 733, dont la rédaction était beaucoup moins explicite, le dissentiment à cet égard se comprenait beaucoup mieux. Dès lors cependant la jurisprudence s'était prononcée contre la dotalité et avait décidé que la femme ne pouvait s'en prévaloir pour faire annuler la saisie; elle repoussait dès cette époque toute distinction entre les nullités de forme et les nullités de fonds. Comment, depuis la révision de l'art. 728 par la loi du 2 juin 1841, pourrait-on renouveler la discussion surtout si l'on considère, comme le fait observer M. le conseiller Nachet dans son rapport à la Cour suprême[1] : Que le législateur de 1841, en donnant ainsi une formule absolue à la déchéance écrite dans l'art. 728, se trouvait en présence des difficultés pratiques auxquelles donnait lieu le moyen de nullité emprunté à la dotalité des immeubles saisis?

Pour mettre la femme à l'abri de cette déchéance, on a imaginé de recourir à une demande en distraction, et de la présenter comme un tiers dont l'immeuble aurait été indûment saisi.

Je serais porté à admettre ce moyen, si l'immeuble dotal avait été saisi sur le mari seul et comme étant sa propriété, mais je ne crois pas qu'il soit possible de le regarder comme un moyen sérieux et véritable lorsque l'immeuble a été saisi sur la femme et comme étant sa propriété.

La principale raison de décider ainsi est, suivant nous, dans un principe d'ordre public supérieur à celui qui est invoqué dans l'opinion contraire. Sans doute la conservation des valeurs dotales est une cause privilégiée; mais ce privilége, tout favorable qu'il est, doit s'effacer devant l'intérêt plus grand qu'a la société tout entière à ne pas voir renverser des acquisitions faites sous l'égide de la justice. Et c'est

[1] 5 mai 1846; 30 avril 1850.

ce principe supérieur d'ordre public qui nous fournit la réponse à une objection que l'on élève contre notre système. On nous dit, en effet, que la déchéance prononcée par l'art. 788 repose sur l'idée d'un consentement tacite de la part du saisi à ne pas se prévaloir des moyens que la loi lui offre de faire annuler la saisie; que ce consentement tacite de la part de la femme ne saurait avoir plus d'efficacité que sa volonté formellement exprimée d'aliéner l'immeuble dotal, et qu'ainsi l'application de l'art. 728 doit être rejetée.

Nous répondrons que le besoin de fixer sur une base certaine le sort de la propriété, place quelquefois le silence des parties au-dessus de l'expression la plus directe et la plus énergique de leur volonté ; que là où celle-ci serait impuissante, le laps de temps triomphe des obstacles ordinaires de la loi ; qu'ainsi la chose jugée, comme nous l'avons vu, ne pourrait résulter de l'acquiescement de la femme, mais sort invinciblement de la déchéance encourue par l'expiration des délais. A plus forte raison, le principe de la stabilité des ventes judiciaires doit-il l'emporter sur celui de l'inaliénabilité dotale.

La demande en revendication doit donc être repoussée. Toutefois, la femme pourra se faire colloquer une fois l'adjudication consommée sur la portion du prix afférente à la partie de l'immeuble constituée en dot ; et si ce prix a déjà été distribué, elle conservera son recours contre le poursuivant, qui sera tenu de l'indemniser de l'éviction dont elle aura été atteinte.

L'arrêt du 30 avril 1850, que nous avons cité, a fait l'application de ces principes; il a même été plus loin ; il veut que l'adjudicataire, s'il est encore en possession du prix au moment où la femme intente sa réclamation, ou, dans le cas contraire, le créancier saisissant soit tenu de l'obligation de remploi. Cette décision a le double avantage de laisser la dot indisponible entre les mains de la femme, et d'empêcher les collusions auxquelles les tiers seraient tentés de prêter la main pour procurer aux époux les deniers provenant d'une adjudication que ceux-ci auraient laissé consommer dans cette intention.

Le dernier cas d'exception apporté par la loi au principe d'inaliénabilité, qui se trouve développé dans l'art. 1559, est celui où l'immeuble dotal est échangé contre un autre immeuble [1]. Cette disposition a son origine dans le Droit romain : l'échange y était autorisé d'une façon très-large et ne souffrait que deux restrictions : le consentement de la femme : *Permutatio dotium* conventione *fieri potest* (l. 26, Modest.) et l'utilité du contrat : *Si hoc mulieri* utile *sit*. Les mêmes raisons qui avaient fait admettre cette dérogation au principe d'inaliénabilité à Rome ont inspiré notre législateur ; l'échange peut, en effet, présenter de grands avantages aux époux : un homme peut avoir déplacé son domicile et transporté loin de l'établissement dotal ses intérêts et sa famille. Ne pas lui fournir les moyens de rapprocher de lui les biens qu'il doit administrer, ce serait faire tourner contre la femme un principe établi en sa faveur ; seulement la loi française, moins confiante que la loi romaine dans la sagesse des parties, et voulant couper court aux plaintes qu'élevait souvent la femme mécontente de l'échange, a prescrit que l'utilité fût préalablement jugée par le tribunal.

Le tribunal compétent n'est pas celui de la situation des immeubles, mais bien celui du domicile des époux, parce que la demande tend à obtenir l'autorisation de souscrire un contrat et que par suite elle est personnelle.

Cette demande doit être formée par la femme avec l'autori-

---

[1] L. 25, 26, 27 et 32, D. *de jure dotium.*

sation du mari, à moins qu'il n'ait perdu la gestion de la dot. L'objet donné en contre-échange doit être un immeuble d'une valeur égale au moins pour les quatre cinquièmes à celle de l'immeuble échangé. Il faut que cet échange présente un caractère d'utilité pour les époux. Une estimation faite par des experts que le tribunal nomme d'office, doit constater la valeur relative des immeubles qu'il s'agit d'échanger l'un contre l'autre. Enfin, la justice doit autoriser l'échange sur conclusions du ministère public.

Si le fonds acquis en contre-échange était d'une valeur supérieure à celle du fonds dotal, il est évident qu'il n'y aura de dotal que la partie du nouvel immeuble correspondant à la valeur de l'immeuble constitué en dot ; sans quoi, il y serait porté une grave atteinte au principe de l'art. 1543, qui dispose que la dot ne peut être augmentée pendant le mariage. Il n'en serait autrement que si la constitution de dot embrassait tous les biens présents et à venir.

L'immeuble reçu peut être d'une valeur inférieure à l'immeuble échangé, à la condition qu'une soulte sera donnée. Cette soulte, dans ce cas comme dans ceux de l'art. 1558, est dotale et comme telle soumise au remploi. Nul doute que le défaut de remploi n'autorisât la femme à demander de nouveau le paiement de cette soulte non employée ; mais là s'arrête ses effets et nous ne pensons qu'il soit possible d'admettre avec MM. Dalloz et Tessier que la femme puisse revendiquer son immeuble dotal dûment échangé en se fondant sur ce que le remploi de la soulte n'ayant pas eu lieu, il y a là une des conditions irritantes de la validité de l'aliénation. M. Benech, *De l'emploi et du remploi de la dot*, p. 308, réfute cette opinion d'une manière victorieuse. « Il suffit, dit-il, de lire le texte des art. 1558 et 1559, avec quelque attention, pour demeurer convaincu que le défaut de remploi ne peut réagir sur l'aliénation légalement consommée. Ainsi, dans le cas de l'art. 1558, les seules conditions irritantes de la validité de l'aliénation, sont : la permission de la justice, la concurrence et la publicité résultant des enchères. L'aliénation faite dans ces formes est valable. L'excédant du prix de la vente au-dessus des besoins reconnus doit sans doute être remployée ; mais s'il ne l'est pas, l'aliénation n'en est pas moins régulière, l'obligation de faire remploi n'ayant commencé que lorsque l'aliénation a été parfaite. Il en est de même dans le cas de l'art. 1559 ; il faut donc décider que la seule conséquence du défaut de remploi est d'obliger les acquéreurs qui n'auraient pas surveillé l'emploi à payer de nouveau à la femme les sommes non remployées. »

L'immeuble reçu en échange aussi bien que l'immeuble dotal, peuvent être par la suite frappés l'un et l'autre d'éviction. Il y aura lieu alors d'appliquer les principes ordinaires de l'art. 1705. La femme ou son co-échangiste pourront, suivant les cas, revendiquer l'immeuble, ou à leur choix, réclamer le paiement des dommages-intérêts. Il est vrai que si la femme opte pour des dommages-intérêts, on arrive à l'aliénation totale du fonds dotal, mais c'est là une conséquence nécessaire du contrat d'échange qui, passé en exécution de l'art. 1559, existe dans toute sa plénitude et avec tous ses effets ordinaires. D'ailleurs, ce résultat n'offre que peu d'inconvénients : car la somme des dommages-intérêts allouée à la femme, dans ce cas, sera évidemment dotale, et devra, comme telle, être remployée.

Sanction de l'inaliénabilité de la dot.

Il ne nous reste plus qu'à examiner les sanctions données

par le législateur à la prohibition qu'il a faite d'aliéner l'immeuble dotal. Elles consistent dans la nullité de l'aliénation elle-même.

Si, dit l'art. 1860, hors les cas d'exception qui viennent d'être expliqués, la femme ou le mari, ou tous les deux conjointement, aliènent le fonds dotal, la femme ou ses héritiers pourront faire révoquer l'aliénation après la dissolution du mariage, sans qu'on puisse leur opposer aucune prescription pendant sa durée; la femme aura le même droit après la séparation de biens.

Le mari lui-même pourra faire révoquer l'aliénation pendant le mariage, en demeurant néanmoins sujet aux dommages-intérêts de l'acheteur, s'il n'a pas déclaré dans le contrat que le bien vendu était dotal.

Ce texte prévoit trois hypothèses ; le fonds dotal peut avoir été indûment aliéné par le mari ou conjointement par la femme et le mari, ou bien par la femme seule. Examinons le sort de l'aliénation dans ces différentes hypothèses.

Dans le premier cas, la vente ayant été consentie *a non domino*, est radicalement nulle, comme portant sur la chose d'autrui. La femme, véritable propriétaire du fonds aliéné, aura l'action en revendication contre le tiers détenteur, à partir du moment où elle aura intérêt à faire rentrer ce fonds dans son patrimoine et qu'elle aura recouvré l'administration de ses biens et l'exercice de ses actions dotales, c'est-à-dire, de la dissolution du mariage ou de la séparation de biens et son action ne sera soumise qu'à la prescription trentenaire. Mais en attendant que la femme ait qualité pour agir, le mari, par une dérogation remarquable à la maxime : *Quem de evictione tenet actio, eumdem agentem repellit exceptio,* a le droit de revenir sur l'aliénation par lui consentie et d'en provoquer l'annulation. Ce droit a été conféré au mari, dans l'intérêt de la famille dont il est le chef. Il agit alors moins en son nom personnel qu'en qualité de protecteur de l'association conjugale et de mandataire légal de sa femme. (*Non in suum, sed tantum in uxoris commodum, contra suum veniens factum*[1].) Puisque cette action du mari tire sa source de sa qualité de chef du ménage, il est clair qu'elle doit s'éteindre avec son rôle de protecteur des droits conjugaux, car alors il ne lui reste plus que celui de vendeur; et là se trouve une fin de non-recevoir contre lui. Le mari n'est donc plus recevable à inquiéter l'acheteur du fonds dotal, du jour de la dissolution du mariage ou de celui du jugement de séparation.

Tout en ayant une action qui se produit contre l'acquéreur, le mari conserve sa qualité de vendeur et doit subir les conséquences de son propre fait de vente ; c'est-à-dire qu'il sera responsable du prix sur ses propres biens et même, suivant les cas, des dommages et intérêts du tiers dépossédé.

Le mari est tenu des dommages-intérêts de l'acheteur, toutes les fois que la preuve de la dotalité ne résulte pas du contrat lui-même d'aliénation, soit que le mari y ait déclaré que le bien vendu appartenait à sa femme, soit qu'il l'ait aliéné en sa qualité de mari. Peu importerait que l'acheteur eût, d'autre part, connaissance de ce fait ; reste toujours la responsabilité du mari de n'avoir pas déclaré que le bien vendu était frappé de dotalité. C'est là une règle sévère, qui s'écarte du droit commun[2]. Nous savons en effet qu'en cas de vente de la chose d'autrui l'art. 1599 exempte le vendeur de tous dommages-intérêts, quand l'acheteur n'a pas ignoré le vice de la chose. Notre article avait d'abord été rédigé en ce

---

[1] Voët, l. 6, t. 1, nº 10, *De rei vindicat.*
[2] Contra Troplong, 4, 3538.

sens ; il se terminait par ces mots : *Si l'acheteur avait ignoré le vice de l'achat.* Mais le tribunal, voulant détourner le mari du dessein de vendre le bien dotal, obtint qu'on y substituât la phrase de notre texte actuel : *Si le mari n'a pas déclaré dans le contrat que le bien vendu était dotal.* Mais le mari qui aurait accompli cette formalité dans le contrat de vente, pour être affranchi des dommages-intérêts, n'en serait pas moins tenu de restituer le prix à l'acquéreur évincé, à moins qu'il ne se fût garanti de tout recours en stipulant expressément la vente aux risques et périls de l'acquéreur. Dans ce cas, cependant, celui-ci pourrait être admis à prouver, par tous les moyens, qu'il y a eu collusion entre les époux pour s'approprier le prix de vente et s'enrichir à ses dépens. Enfin l'acquéreur qui aurait ignoré la dotalité des biens aliénés aura aussi la double faculté de se prévaloir de l'art. 1653 pour suspendre le paiement du prix ou de l'art. 1599, pour demander la nullité de la vente. De cette nullité absolue, il résulte que l'action qui appartient à la femme est une action en revendication, et que la prescription étant acquisitive, s'accomplira par trente ans, si l'acheteur est de mauvaise foi, et par dix ou vingt, s'il est de bonne foi.

L'aliénation du fonds dotal a pu être consentie simultanément par le mari et la femme ; elle émane alors du véritable propriétaire, et si elle est entachée d'un vice et susceptible de rescision, ce n'est pas qu'il lui manque un élément de validité, c'est seulement à raison du caractère même du fonds aliéné. L'indisponibilité de la dot entraîne une incapacité de la part de la femme, incapacité dont l'autorité maritale ne saurait la relever et qui subsiste aussi longtemps que dure l'inaliénabilité du bien dotal, c'est-à-dire jusqu'à la dissolution du mariage.

Nous appliquerons ici, quant à la responsabilité du mari,

les mêmes règles que dans le cas précédent. Il est vrai qu'alors le mari avait lui-même aliéné, au mépris de la loi, un fonds appartenant à sa femme et qui était frappé d'indisponibilité, tandis que dans l'espèce il n'a fait que délivrer une simple autorisation. Mais l'art. 1860 ne distingue pas et fait peser sur le mari une responsabilité égale dans l'un et dans l'autre cas. La loi déroge ici au principe général « *Qui auctor est non se obligat.* » Elle considère l'autorisation du mari comme un fait de complicité à l'action de sa femme et elle le réprime avec une rigueur, excessive peut-être, dans le but d'empêcher des ventes aussi contraires à son propre intérêt qu'à celui de sa femme et de ses enfants.

La seule différence existant entre la responsabilité du mari aliénant directement le bien de sa femme, et celle qu'il encoure en autorisant cette vente, consiste dans la contrainte par corps, qui peut être prononcée dans la première hypothèse contre le mari devenu stellionnataire par la vente de la chose d'autrui, tandis qu'elle ne saurait l'être dans la seconde où le mari n'a fait qu'autoriser l'aliénation de la chose par son propriétaire.

Enfin, si la femme avait aliéné le bien dotal indépendamment du concours de son mari, il est évident qu'elle aurait non seulement violé le principe d'inaliénabilité, mais encore le droit commun des obligations de la femme mariée. La vente sera donc nulle à double titre, et pourra être attaquée aussi bien par le mari dont l'autorité a été ainsi méconnue que par la femme elle-même.

Nous avons vu que le mari était personnellement passible de dommages-intérêts à l'égard du tiers acquéreur. En est-il de même de la femme ? Il est évident qu'elle n'en saurait être tenue sur ses biens dotaux.

Mais du moins l'acheteur pourra-t-il exiger que la femme

soit tenue de la garantie promise par elle sur ses paraphernaux ? La raison de douter vient de ce que la femme pouvant obliger ses paraphernaux, on ne conçoit pas qu'elle ne puisse engager ces biens qui sont libres entre ses mains, pour garantir l'obligation naturelle qu'elle contracte avec l'acquéreur du fonds dotal. Malgré la force de cet argument, je me déciderais pour l'irresponsabilité de la femme même sur ses paraphernaux, par ce motif que lui imposer l'obligation de payer une indemnité, ce serait souvent la contraindre d'abandonner l'immeuble dotal pour éviter d'être poursuivie sur ses paraphernaux. On arriverait ainsi à forcer la femme à respecter une aliénation que la loi a voulu proscrire d'une façon absolue. Le vœu de la loi est que tout ce que l'épouse a fait soit non avenu ; que son consentement soit de nul effet. Telle était la jurisprudence ancienne. Justinien, dans sa Novelle 61 est formel : *Etsi consentiat mulier sit omnino indemnis. Obligationem quantum ad mulierem, neque dictam, neque scriptam esse volumus.*

Il suit de ces principes que la femme qui agit en revendication de son bien dotal n'est pas nécessairement tenue, comme le mari, de la restitution du prix de vente ; car elle n'est pas indemne si elle est obligée de rapporter le prix de la chose vendue dont elle a pu ne point profiter. Que s'il était prouvé qu'elle en eût tiré parti, alors, comme nul ne doit s'enrichir aux dépens d'autrui, nous admettrions que l'acquéreur recourût contre elle par une action *de in rem verso.* La nullité résultant de l'indisponibilité du fonds dotal, est essentiellement relative ; elle ne saurait donc être demandée que par les personnes en faveur desquelles elle a été établie. L'acquéreur ne peut donc, à aucun titre, la réclamer, si ce n'est en se fondant sur le dol et la fraude, en établissant que, s'il a contracté, c'est par suite de manœuvres frauduleuses faites dans le but de lui céder la dotalité du bien.

La demande en nullité est soumise au délai fixé par l'art. 1304 pour les actions révocatoires; elle est, comme toute action de cette nature, susceptible de ratification; cette ratification peut être expresse ou tacite, mais elle n'est valable que si elle a été faite après la dissolution du mariage.

Dans les différents cas que nous venons d'examiner, le droit d'exercer la revendication des biens dotaux, ou l'action en nullité de l'aliénation qui en aurait été consentie, passe aux héritiers de la femme. Le mari lui-même pourra hériter de cette action, mais il ne sera admis à l'exercer qu'autant qu'il ne serait pas soumis à la garantie d'éviction envers l'acquéreur des biens dotaux. Il en serait de même des héritiers de la femme qui auraient accepté purement et simplement l'hérédité du mari. Ils ne pourraient agir en revendication dans le cas où ils auraient succédé à la même obligation de garantie. Et peu importerait qu'ils offrissent de désintéresser l'acquéreur pour la part suivant laquelle ils seraient tenus des dettes et obligations du mari; car la garantie est une et indivisible de sa nature. On trouvera la solution de toutes les difficultés qui pourraient s'élever à ce sujet dans la combinaison des principes relatifs à la succession des dettes et à la responsabilité du vendeur.

Mais quel sera le point de départ du délai des actions en nullité ou en revendication auxquelles est soumise l'aliénation du fonds dotal, suivant qu'elle émane de la femme ou du mari?

Nous trouvons une réponse à cette question dans l'art. 1561. Il est ainsi conçu :

« Les immeubles dotaux non déclarés aliénables par le contrat de mariage sont imprescriptibles pendant le mariage, à moins que la prescription n'ait commencé auparavant. Ils deviennent néanmoins prescriptibles après la séparation de biens, quelle que soit l'époque à laquelle la prescription a commencé. »

La première partie de cet article est conforme au principe de la loi 16 D. *de fundo dotali : Lex Julia, quæ vetat fundum dotalem alienari, pertinet ad hujusmodi alienationem.* C'est là, d'ailleurs, un principe parfaitement logique. La prescription suppose, en effet, l'existence du droit d'aliénation, puisqu'elle peut aboutir à un quasi-contrat d'aliénation. Il faut aussi expliquer l'imprescriptibilité par l'incapacité d'agir où le régime dotal met la femme pendant le mariage.

Mais si l'imprescriptibilité dotale est la règle, elle souffre cependant des exceptions.

La première a lieu lorsque la prescription a commencé avant le mariage. Cette exception fut attaquée par Tronchet, comme contraire aux règles du droit commun, d'après lequel la prescription devrait être suspendue. En effet, lorsqu'un bien possédé par un tiers qui est en train de le prescrire, se trouve tout-à-coup frappé d'imprescriptibilité par minorité, la prescription est dès cet instant suspendue et ne peut reprendre son cours que du jour où la cause interruptive vient à cesser. Mais Treilhard combattit cette objection par des raisons d'intérêt public. D'ailleurs, puisque l'on doit toujours remonter à l'origine de la possession pour apprécier son caractère d'utilité par rapport à la prescription, et que les biens dotaux étaient aliénables à l'époque du point de départ de cette prescription, le contrat de mariage, étranger au tiers possesseur, devait demeurer sans influence sur le caractère de sa possession et la prescription devait suivre son cours. La femme ne peut que s'en prendre au mari, si, par sa négligence à revendiquer le fonds apporté en dot, il l'a laissé usucaper.

Une seconde exception a lieu quand la séparation est prononcée : le fonds dotal devient prescriptible de ce moment. Cette nouvelle dérogation indirecte au principe d'inaliénabilité, repose sur des motifs de justice et d'intérêt général. La femme séparée a repris l'administration de sa fortune, elle peut agir par elle-même; si donc elle a laissé prescrire, les tiers sont en droit de lui reprocher son inaction, et la femme est justement punie de sa négligence. (Loi 30 au Code *de jure dotium.*) En outre, l'intérêt public exigeait que le sort des propriétés ne restât pas dans l'incertitude pendant toute la durée du mariage.

Toutefois, il faut admettre un double tempérament à la disposition de l'art. 1861; ils résultent tous deux de l'art. 2256 et de ce principe incontestable formulé par les juris-consultes romains : *contra non valentem agere non currit præscriptio.* Si l'action de la femme était de nature à ré-fléchir contre le mari, par exemple, au cas où il serait tenu des dommages-intérêts ou bien simplement de la restitution du prix envers l'acquéreur, elle devrait être considérée comme étant dans l'impossibilité morale d'agir, et par suite, la pres-cription serait suspendue à son profit jusqu'à la dissolution du mariage. Par suite du même principe, la femme qui a fait un acte contraire à la puissance maritale, en consentant des actes sans l'autorisation de son mari, doit être reçue à re-pousser la prescription, par ce motif que si elle n'a pas exercé son action en nullité, c'est que, même après la séparation de biens, elle pouvait craindre de porter à la connaissance de son mari un acte qu'elle a fait au mépris de son autorité.

Mais en dehors de ces deux exceptions, la règle de l'art. 1861 est formelle, et s'applique à tous les cas de prescrip-tion, aussi bien à la prescription libératoire de l'action en nullité qu'à la prescription acquisitive.

Cette opinion, soutenue par MM. Troplong et Valette, a trouvé de sérieux contradicteurs.

Se fondant sur les principes qui dominent la théorie des actions ordinaires en nullité ou en rescision (1304 et 1338 combinés), la Cour de cassation [*] a jugé que l'art. 1561 qui, dans sa dernière partie, déclare les biens dotaux de la femme prescriptibles après la séparation de biens, ne s'applique pas à l'action révocatoire des aliénations consenties par la femme, et ne régit que la prescription acquisitive fondée sur la possession ou sur un titre non émané d'elle ; que cela résulte manifestement des derniers mots de l'art. 1561 , quelle que soit l'époque à laquelle la prescription a commencé.

Cette doctrine , enseignée par MM. Aubry et Rau, annotateurs de M. Zachariæ, sur l'art. 1561, se défend ainsi : Le droit qui est reconnu à la femme après la séparation de biens n'a pas pour objet de la mettre en demeure d'agir, c'est une faculté que la loi lui accorde, sans lui en imposer l'exercice, sous peine de déchéance ; elle accroît par là les moyens de défense qu'elle réserve à la femme ; mais elle n'entend pas la restreindre en la soumettant à une prescription qui n'atteindrait pas le mari. Comment admettre, en effet, que celui-ci conserve le droit de faire révoquer l'aliénation pendant le mariage, et que la même faculté soit refusée à la femme ? Dans cette opinion, l'art. 1561 ne doit recevoir d'application que dans le cas d'aliénations non consenties par les époux, parce que cet article ne déroge que pour ce cas seulement à la règle générale des art. 1560 et 1304, *sans qu'on puisse leur opposer aucune prescription pendant le mariage.*

Tout en reconnaissant la gravité des raisons que nous venons d'exposer, nous persistons à croire que la distinction

---

[*] Arrêts : 1er mars 1817 et 4 juillet 1849.

proposée entre la prescription acquisitive et la prescription libératoire n'a jamais été dans le vœu du législateur.

D'abord, la loi romaine et Justinien (loi 30, C. *de jure dotium*) n'admettaient aucune différence entre les prescriptions quelles qu'elles fussent. Du moment où, par la séparation, la femme reprend la libre administration de ses biens, Justinien en conclut qu'avec sa liberté d'agir, naît pour les tiers le commencement d'une prescription. Les pays de droit écrit adoptèrent ce système et si l'on remonte à l'historique de la rédaction de nos articles 1860 et 1861, on voit que les modifications apportées par le tribunat au dernier de ces articles, avait précisément pour but de continuer ces traditions. Aucune distinction n'a été faite alors entre le cas d'aliénation par les époux et le cas où un tiers possédait sans titre émané d'eux.

Cela est si vrai qu'à l'art. 2255, où il s'agit bien de l'aliénation consentie par l'un des époux ou par tous deux, on renvoie, non à l'art. 1860, mais bien à l'art. 1861. Il est donc clair qu'on a pensé que l'art. 1861 s'appliquait au cas où l'aliénation a été faite par les époux, autrement on n'eût pas manqué de renvoyer seulement à l'art. 1860.

Ces arguments de texte nous semblent décisifs; ils nous paraissent encore fortifiés par des considérations d'une autre nature. Il nous semble en effet que les mêmes raisons d'équité et d'ordre supérieur par suite desquelles l'art. 1861, modifié sur les observations du tribunat, déroge à la règle de l'art. 1884, dans le cas d'une séparation de biens, doivent faire entendre l'art. 1860 dans le même sens et commandent d'admettre dans la même hypothèse une dérogation analogue aux principes des actions ordinaires en nullité. Car il y a une étroite corrélation entre l'indisponibilité de la dot et l'incapacité de la femme dotale. Et si la faveur de la prescription acquisitive l'emporte sur celle de la dot, quand la femme, par sa négligence, se montre indigne de la protection de la loi, celle de la prescription libératoire ne doit pas être moindre dans les mêmes conditions. Nous dirons donc que la prescription court dans tous les cas contre la femme à partir de la séparation de biens.

POSITIONS.

Droit romain.

I.

La loi 47 D. *de jure dotium* est en antinomie avec la loi 3 *pr. de fundo dotali*, quoique les hypothèses prévues par ces deux textes ne soient pas les mêmes.

II.

La loi 18 pr. D. *de fundo dotali* peut se concilier avec la loi 7, § 13, D. *soluto matrimonio*.

III.

La *permutatio dotis ex re in pecuniam*, dont il est question dans la loi 32 D. *de jure dotium*, n'est plus permise du temps de Justinien.

IV.

La loi 38, § 1, *de solutionibus*, D., ne peut se concilier avec la loi 3, § 12, D., *de donationibus inter virum et uxorem*, bien que les hypothèses principales prévues par ces textes ne soient pas identiques.

V.

La chose achetée des deniers dotaux n'est pas dotale ; il n'y a pas antinomie entre la loi 12 C. *de jure dotium* et la loi 84 D. *de jure dotium*.

Droit civil français.

I.

La femme mariée sous le régime de communauté peut stipuler valablement que ses immeubles propres seront inaliénables.

II.

La réserve d'aliéner l'immeuble dotal insérée dans le contrat de mariage, n'entraîne pas la faculté de l'hypothéquer.

III.

La femme mariée sous le régime dotal, qui a été autorisée à engager ses biens dotaux pour des cas en dehors de ceux prévus par l'art. 1558 et qui n'a pas proposé l'exception de dotalité avant l'adjudication, est liée par le jugement d'adjudication, et conséquemment irrecevable à revendiquer ses biens contre l'adjudicataire.

IV.

La femme a le droit, pendant la durée du mariage, de requérir collocation sur les biens de son mari, à raison du prix d'aliénation du fonds dotal.

V.

Les frais des procès relatifs aux biens paraphernaux de la femme peuvent être recouvrés sur l'immeuble dotal pendant le mariage.

VI.

Lorsque l'obligation de faire emploi des deniers dotaux a été stipulée dans le contrat de mariage, les débiteurs qui paient entre les mains du mari ne sont pas responsables de l'emploi.

VII.

La femme qui, faute d'avoir inscrit son hypothèque dans le délai de l'art. 2194, a perdu son droit de suite sur l'immeuble, conserve son droit de préférence sur le prix.

Droit criminel.

I.

La tentative d'avortement n'est jamais punissable.

II.

L'action civile résultant d'un crime se prescrit par le même laps de temps que l'action publique.

Droit des gens.

Le bénéfice de l'exterritorialité ne va pas jusqu'à permettre au ministre étranger de donner asile à des personnes prévenues d'un crime d'État.

Vu par le Doyen, soussigné.
Strasbourg, le 24 décembre 1859.
C. AUBRY.

Vu par le Président de la thèse.
Strasbourg, 23 décembre 1859.
LAMACHE.

Permis d'imprimer,
Strasbourg, le 24 décembre 1859.
Vu par le Recteur de l'Académie,
DELCASSO.

TABLE DES MATIÈRES.

NANCY, IMP. DE VAGNER.